JOGOS e SIMULAÇÕES DE EMPRESAS

Edição Revisada
e Atualizada

JOGOS e SIMULAÇÕES DE EMPRESAS

PAULO VICENTE ALVES

ALTA BOOKS
E D I T O R A
Rio de Janeiro, 2015

Jogos e Simulações de Empresas

Copyright © 2015 da Starlin Alta Editora e Consultoria Eireli.
ISBN: 978-85-7608-938-4

Todos os direitos estão reservados e protegidos por Lei. Nenhuma parte deste livro, sem autorização prévia por escrito da editora, poderá ser reproduzida ou transmitida. A violação dos Direitos Autorais é crime estabelecido na Lei nº 9.610/98 e com punição de acordo com o Artigo 184 do Código Penal.

A editora não se responsabiliza pelo conteúdo da obra, formulada exclusivamente pelo(s) autor(es).

Marcas Registradas: Todos os termos mencionados e reconhecidos como Marca Registrada e/ou Comercial são de responsabilidade de seus proprietários. A editora informa não estar associada a nenhum produto e/ou fornecedor apresentado no livro.

Impresso no Brasil — Edição revisada conforme o Acordo Ortográfico da Língua Portuguesa de 2008.

Dados Internacionais de Catalogação na Publicação (CIP)

A474j   Alves, Paulo Vicente.
        Jogos e simulações de empresas / Paulo Vicente Alves. – Rio de Janeiro, RJ : Alta Books, 2015.
        192 p. : il. ; 17 cm.

        Inclui bibliografia, anexos e índice.
        ISBN 978-85-7608-938-4

        1. Jogos de empresas. 2. Administração - Métodos de simulação. 3. Processo decisório. 4. Negócios. I. Título.

                            CDU 658:79
                            CDD 658.40353

Índice para catálogo sistemático:
1. Jogos de empresas   658:79

(Bibliotecária responsável: Sabrina Leal Araujo – CRB 10/1507)

Produção Editorial Editora Alta Books	**Supervisão Editorial** **(Controle de Qualidade)** Sergio de Souza	**Design Editorial** Aurélio Corrêa	**Gerência de Captação e** **Contratação de Obras** J. A. Rugeri	**Vendas Atacado e Varejo** Daniele Fonseca	
Gerência Editorial Anderson Vieira	**Supervisão Editorial** **(Gráfica)** Angel Cabeza	**Marketing Editorial** Hannah Carriello marketing@altabooks.com.br	Marco Pace autoria@altabooks.com.br	Viviane Paiva comercial@altabooks.com.br	
Produtor Editorial Thiê Alves				**Ouvidoria** ouvidoria@altabooks.com.br	
Assistente Editorial Carolina Giannini					
Equipe Editorial	Christian Danniel Claudia Braga Gerd Dudenhoeffer	Jessica Carvalho Juliana de Oliveira Letícia de Souza	Milena Lepsch Silas Amaro		
Revisão Gramatical Iara Zanardo Wendy Campos	**Diagramação** Lucia Quaresma	**Layout e Capa** Aurélio Corrêa			

Erratas e arquivos de apoio: No site da editora relatamos, com a devida correção, qualquer erro encontrado em nossos livros, bem como disponibilizamos arquivos de apoio se aplicáveis à obra em questão.

Acesse o site www.altabooks.com.br e procure pelo título do livro desejado para ter acesso às erratas, aos arquivos de apoio e/ou a outros conteúdos aplicáveis à obra.

Suporte Técnico: A obra é comercializada na forma em que está, sem direito a suporte técnico ou orientação pessoal/exclusiva ao leitor.

Rua Viúva Cláudio, 291 — Bairro Industrial do Jacaré
CEP: 20970-031 — Rio de Janeiro
Tels.: 21 3278-8069/8419
www.altabooks.com.br — e-mail: altabooks@altabooks.com.br
www.facebook.com/altabooks — instagram.com/altabooks

SUMÁRIO

INTRODUÇÃO — XI

POR QUE JOGOS E SIMULAÇÕES DE EMPRESAS? — 1

Problemas centrais do mundo dos negócios — 1
- Questões imprevisíveis sobre o futuro — 1
- A dificuldade de experimentação — 2
- O sistema de educação industrial — 3
- A decisão como a atividade central dos negócios — 3

Soluções apresentadas por jogos e simulações de empresas — 4
- Modelagem da realidade — 4
- Estimulando a resolução de problemas — 5
- Pensamento em sistemas dinâmicos — 6
- Ferramenta de aprendizado para a decisão — 7
- Apresentando o Edutainment (educação e entretenimento) — 7

A evolução humana e o aprendizado — 8

JOGOS E SIMULAÇÕES DE TOMADA DE DECISÃO — 13

Perspectiva histórica — 13
O universo dos jogos e simulações de tomada de decisão — 15

Jogos e simulações de guerra (war games)	16
Role-playing games (jogos de interpretação)	22
Jogos e simulações de negócios	26

COMO USAR JOGOS E SIMULAÇÕES DE NEGÓCIOS — 31

Propósito do jogo	31
Edutainment	31
Análise de situação	32
Recrutamento	33
Formatos de jogos	34
Papel e caneta (pen and paper)	34
Jogos de tabuleiro	35
Jogos de computador	36
Livro-jogo	38
Dramatização	39
Comparação entre formatos	40
Debriefing, aftermath ou debate final	41
E o jogo continua...	43

COMO PROJETAR JOGOS E SIMULAÇÕES DE EMPRESAS — 45

Definindo o propósito do jogo	46

Escolhendo o formato do jogo — 47

Definindo o público-alvo — 49

Modelando a situação — 50
- Modelo probabilístico x Modelo determinístico — 52
- Modelagem por processo x Modelagem por efeito — 53
- Decisões simultâneas x Decisões em sequência — 54
- Precisão x Custo — 55
- Tendência ao monopólio x Tendência ao oligopólio — 56
- Modelo explícito x Modelo oculto — 57
- Modelo simétrico x Modelo assimétrico — 57
- Jogo x Simulação — 58

Recursos de jogo — 58
- Dados — 58
- Cartas — 60
- Tabelas — 61
- Marcadores — 61
- Dinheiro do jogo — 62
- Planilhas — 62

O fator sorte — 63

Testando o jogo — 64
- O jogo estava muito lento — 64
- Ninguém entendeu o jogo — 65

Os jogadores tinham dificuldade para tomar as decisões	65
Todo mundo quebrou	65
Todos queriam dinheiro emprestado	65
Alguns jogadores queriam fundir as empresas	66
Alguns jogadores queriam fazer ações conjuntas (joint ventures)	66
Um jogador tentou uma "estratégia de fim de jogo"	67
Havia uma forma irreal de ganhar dinheiro	67

CONCLUSÕES   69

APÊNDICES   71

Apêndice A: O jogo dos mercados emergentes   73

Introdução	73
Cenário	73
Escala do jogo	73
Montagem do jogo	74
Sequência do jogo	74
Debriefing	77
Comentários	79

Apêndice B: O jogo da energia   83

Introdução	83
Cenário	83
Escala do jogo	83
Montando o jogo	84

Sequência do jogo	84
Cartas de eventos	88
Debriefing	91
Comentários	92

APÊNDICE C: O JOGO DAS MARCAS (BRAND GAME) — 97

Introdução	97
Cenário	97
Escala do jogo	97
Montagem do jogo	98
Sequência do jogo	99
Debriefing	102
Comentários	103

APÊNDICE D: O JOGO DO CAPITAL DE RISCO (VENTURE CAPITAL) — 106

Introdução	106
Cenário	107
Escala do jogo	107
Montagem do jogo	108
Sequência do jogo	108
Debriefing	112
Comentários	114

APÊNDICE E: O JOGO DOS COMPUTADORES (GLOBALIZAÇÃO) — 117

Introdução	117
Cenário	117

Escala do jogo	117
Montagem do jogo	118
Sequência do jogo	118
Debriefing	125
Comentários	127

Apêndice F: O jogo da gestão de stakeholders — 133

Introdução	133
Cenário	133
Escala do jogo	133
Stakeholders (personagens)	134
Situação inicial	134
Processo do jogo	135
Debriefing	136

Apêndice G: Introdução à Teoria dos Jogos — 151

Apêndice H: Introdução à Teoria da Decisão — 161

Apêndice I: Introdução à Teoria da Utilidade — 169

Referências — 175

Índice — 177

INTRODUÇÃO

Em 1999, eu fui convidado para ministrar aulas sobre jogos de empresas para um curso de graduação. Logo percebi que havia pouquíssimos jogos disponíveis para uma aula de 2–4 horas e não existiam livros sobre o assunto no Brasil. Na medida em que o curso foi se desenrolando, projetei seis jogos e um livro que foi publicado em 2001. Os dois mil exemplares foram todos vendidos em poucos anos e, desde então, muitas pessoas me pediram para novamente publicá-lo.

Foi assim que este novo livro nasceu, uma versão melhorada do livro original. Notei que ainda havia uma lacuna deste tipo de publicação no Brasil e, até mesmo, nos EUA e no restante do mundo.

Muitos livros falam sobre jogos, mas eles não incluem nenhum pronto para uso. Muitos jogos e simulações são projetados para longas sessões de dois ou três dias. No entanto, a necessidade de cursos de graduação e pós-graduação é por jogos curtos de 2–4 horas.

O mesmo acontece na educação corporativa. Muitos clientes se aproximaram de mim ao longo dos anos com a necessidade de um jogo focado, curto e com regras relativamente fáceis. A oferta de mercado era de jogos, em geral, longos e com regras complexas.

Por causa dos quinze anos que separam os dois livros, o universo dos jogos se tornou mais complexo e uma referência para toda a nova geração de alunos que cresceu jogando em computadores e videogames. Hoje, a linguagem dos jogos está mais difundida.

Este livro pretende completar essa lacuna ao ser uma referência para jogos e simulações de empresas, incluindo também vários jogos prontos para uso, que podem ser executados em uma sala de aula com requisitos mínimos.

Eu também acredito que escrever sobre jogos é semelhante a escrever sobre andar de bicicleta. Você precisa praticar para entender o que está sendo dito. Assim sendo, o plano deste livro é que você não só leia o texto mas, também, jogue os jogos dos apêndices. No entanto, atenção! Os jogos são uma experiência viva do mundo dos negócios, e podem ser viciantes.

Eu incluí nos apêndices uma introdução para a teoria dos jogos e a teoria da decisão, porque os textos normalmente encontrados são muito profundos em matemática e podem dificultar o entendimento dos alunos. No entanto, essas teorias não são só apenas a base para jogos e simulações, mas também o paradigma para a estratégia de negócios. Elas são de grande importância para a compreensão plena do assunto. Eu preferi colocá-las em um apêndice para não atrapalhar a leitura do texto principal com modelos matemáticos.

Ao todo, esta obra é mais do que um simples livro. É um guia através do mundo dos jogos e uma experiência que permitirá que você jogue em sala de aula, bem como com os seus amigos. Além disso, uma vez que tenha jogado os jogos, você é encorajado a alterá-los e a fazer sua própria versão deles.

Espero que você aproveite a viagem por esse mundo!

POR QUE JOGOS E SIMULAÇÕES DE EMPRESAS?

Cada jornada em ciência começa com uma pergunta — e a nossa é: "Por que jogos e simulações de empresas são importantes?" Dividi esta questão em três partes. A primeira lida com os problemas que são centrais para o mundo dos negócios e não podem ser facilmente abordados por outros métodos. A segunda, mostra como resolver esses problemas. A terceira, mostra a ligação entre a evolução humana e a aprendizagem, para estabelecer como os jogos são um método importante para nós.

PROBLEMAS CENTRAIS DO MUNDO DOS NEGÓCIOS

Questões imprevisíveis sobre o futuro

Ao longo do século XX, ficou cada vez mais claro que o mundo dos negócios está sempre em perpétua mudança. Essa não é uma questão da nossa década ou da próxima, mas uma situação contínua. Isso ficou mais explícito com a descrição dos ciclos de Kondratiev ou K-waves" (Freeman e Perez, 1988), e também com os ciclos hegemônicos que descrevem o sistema de trocas global ou o sistema-mundo (Arrighi, 1996).

As teorias dos ciclos têm mostrado que a política, a economia, as dimensões sociais e tecnológicas, ou dimensões PEST estão sempre mudando. Nós podemos fazer previsões gerais, mas não completamente precisas.

Em artigos publicados nos últimos anos (Alves, 2012 e Alves, 2013), desenvolvi um modelo que ajuda nessa previsão criando uma estrutura de raciocínio sobre o futuro, mas que também evidencia a impossibilidade de atingir precisão nos desdobramentos do avanço tecnológico no mundo dos negócios.

Isso representa um grande problema para os negócios, com relação à como identificar quais são as oportunidades e ameaças do futuro. E, se não podemos prevê-las, não podemos saber quais são as perguntas que o futuro nos apresentará. O resultado é que as fórmulas e processos existentes podem resolver problemas do passado, mas só poderão resolver os problemas futuros por mero acaso. Jogos e simulações de empresas mostram uma saída para esse dilema de duas maneiras: modelando a realidade e estimulando a resolução de problemas.

A dificuldade de experimentação

Ao contrário das ciências naturais, as ciências sociais não têm um laboratório onde você pode testar teorias, modelos e ações antes de implementá-las. Isso é particularmente problemático para a parte administrativa, pois as decisões não podem ser testadas antes de serem realmente implementadas. Um erro pode custar muito dinheiro, empregos e até mesmo colocar em risco a sobrevivência de uma organização.

Além disso, a formação de novos executivos e administradores é mais difícil, pois, como não há laboratórios, eles têm que aprender sobre o trabalho tomando decisões e as implementando em um padrão de tentativa e erro. Esse é um método arriscado e dispendioso.

Uma série de soluções foram concebidas para superar esse problema, como quase-experimentos, o método de estudo de caso e programas-piloto. Estes permitem que os gerentes testem soluções antes de implementá-las, ou aprendam com a experiência e os erros dos outros.

Jogos de empresas podem servir como uma plataforma de testes em que as decisões podem ser testadas. Isso acontece porque eles servem como um modelo de realidade, bem como uma ferramenta de aprendizagem para a decisão.

O sistema de educação industrial

Nosso sistema de educação atual foi concebido no início do século XIX, quando a Revolução Industrial estava mudando o mundo. Ele é baseado na repetição de processos para ensinar não só matemática básica e a ler e escrever, mas também para treinar os alunos para se adaptarem à vida em uma indústria. O sistema é muito eficiente para criar trabalhadores industriais.

No entanto, agora estamos entrando em um período da economia humana em que a necessidade dos trabalhadores da indústria é muito menor e a demanda por trabalhadores nos setores terciário (serviços) e quaternário (pesquisa) é muito maior.

O sistema de ensino industrial é destinado à repetição, conformação, obediência e trabalho isolado. A economia atual e futura precisa de empresários, solucionadores de problemas e trabalho em equipe.

É evidente que o modelo de educação atual está destinado a ter de mudar e se transformar em um novo modelo, que ninguém sabe ao certo qual será. Os jogos de empresas são uma parte da solução, embora certamente não sejam a única parte dela. Isso é possível devido ao fato de que os jogos de empresas têm um componente de educação com entretenimento (edutainment) poderoso, bem como estimulam a resolução de problemas e o pensamento dinâmico.

A decisão como a atividade central dos negócios

Toda a atividade de negócios ocorre em torno das decisões. O gerente está sempre fazendo uma análise para se preparar para uma decisão, advogando a favor de uma decisão, fazendo política para fazer sustentar uma decisão ou implementando uma decisão. No final das contas, tudo gira em torno das decisões, mas a maneira como aprendemos a tomar decisões é por tentativa e erro.

A maior parte do sistema educacional não está focado em aprender a tomar decisões. Esse não é um problema exclusivo do sistema de ensino, mas também está presente na forma como a maioria dos pais criam seus filhos. Estamos preparados para fazer o que alguém nos diz, mas não para tomar decisões.

O resultado é que, quando temos de tomar as nossas próprias decisões, como qual profissão escolher, quem namorar ou casar, qual trabalho procurar ou para onde enviar o currículo, nos sentimos despreparados.

Algumas pessoas ainda têm o que é chamado de paralisia decisória, ou a incapacidade de tomar qualquer decisão. Outros tomam decisões de forma aleatória, e outros ainda seguem a maioria. Há um grupo que toma os caminhos mais fáceis a curto prazo, não pensando para onde eles os levarão a longo prazo. Em geral, somos fracos para a tomada de decisão.

Jogos de empresas são uma forma de ensinar e aprender a tomar decisões. Os jogos são uma ferramenta de aprendizagem. Eles induzem o pensamento dinâmico e também podem tornar a tomada de decisão divertida uma vez que têm um componente forte de *edutainment*.

SOLUÇÕES APRESENTADAS POR JOGOS E SIMULAÇÕES DE EMPRESAS

Os quatro principais problemas descritos até agora podem ser resolvidos pelos cinco fatores detalhados a seguir.

MODELAGEM DA REALIDADE

O universo é complexo demais para ser compreendido por completo pela limitada mente humana. Por isso, precisamos simplificá-lo em modelos da realidade, que nos permitam prever eventos. Traduzindo, assim, uma situação muito complexa para a nossa mente e de modo a compreender o mundo como algo estável. Os modelos são uma parte fundamental da compreensão humana da realidade.

Qualquer jogo ou simulação é um modelo da realidade em que algumas variáveis são incluídas e outras excluídas. Quanto mais simples o modelo, maior é o erro presente nele, porém mais fácil é entendê-lo.

Um bom modelo da realidade (ou bom jogo) pode nos dar uma boa compreensão da realidade e uma previsão de eventos com algumas variáveis que se combinam em uma visão poderosa. As nossas mentes podem até mesmo perceber os limites do modelo e aperfeiçoá-lo, mudando quando necessário.

Muitos de nós vemos os modelos matemáticos como oráculos imutáveis. Mas, a maioria compreende os jogos como ferramentas e brinquedos que podem ser alterados para se adequar melhor à realidade em mudança. Dessa forma, é mais fácil modelar o mundo real com base em jogos do que em modelos puramente matemáticos.

Além disso, é possível criticar um jogo e não vê-lo como um oráculo de forma mais fácil do que um conjunto de equações. Isso nos torna mais conscientes de que os modelos são muito importantes, mas não são livres de erro, nem são imutáveis. Os jogadores tendem a gostar de modelagem e têm uma visão muito crítica de "leis imutáveis".

Estimulando a resolução de problemas

Pode-se argumentar que ser um executivo ou um empresário é basicamente uma atividade de resolução de problemas, não necessariamente matemáticos, mas lógicos e principalmente humanos.

Normalmente somos educados para resolver problemas que já foram resolvidos e que, portanto, já têm um método que pode ser repetido. Na verdade, somos treinados para repetir algoritmos inventados por outra pessoa, mas não somos bons na criação de novos algoritmos.

Em um jogo, temos um problema que tem que ser resolvido às vezes mais rápido do que os concorrentes, por vezes com a ajuda deles e às vezes tendo em conta que o comportamento dos outros muda o problema em si. Ou, ainda pior, que o nosso comportamento possa mudá-lo também.

Isso leva a um novo tipo de educação sobre a forma de criar soluções novas e adaptativas para problemas que nunca foram enfrentados anteriormente. Na verdade, os jogadores tendem a preferir jogos novos aos antigos, e perdem o interesse em um jogo, uma vez que seja considerado dominado. Há uma clara preferência pela novidade e pelo desconhecido. Os cérebros dos jogadores estão ansiosos para encontrar novos problemas para resolver, em vez de ter medo deles.

Pensamento em sistemas dinâmicos

A maioria dos modelos do mundo que aprendemos são estáticos. Somos ensinados que o mundo "é". No entanto, o mundo está sempre em mudança, como um sistema que está em permanente adaptação às nossas respostas, e as nossas respostas estão se adaptando às mudanças.

A matemática e a ciência básica podem realmente ser percebidas como estáticas, uma vez que não se alteram ao longo do tempo. Porém, em ciências sociais em geral e em administração em especial, as leis mudam com o tempo. Não podemos aplicar soluções de ontem para os problemas de hoje, a menos que aceitemos um risco elevado.

Os jogos nos ajudam a compreender que não podemos fazer o nosso movimento pensando apenas em como o jogo é agora, mas também em como o jogo poderá se desenvolver no futuro. Interações futuras têm que ser levadas em conta. A melhor jogada para este momento pode levar a um mau resultado a longo prazo. Objetivos de curto prazo e de longo prazo são colocados uns contra os outros, e os jogadores são forçados a pensar em uma perspectiva de longo prazo e em um ambiente dinâmico. Os jogadores tendem a pensar de forma dinâmica e planejar o futuro, em vez de se concentrarem apenas no curto prazo. Isso ajuda alguns deles a fazer isso também na vida real.

Ferramenta de aprendizado para a decisão

Apesar de tomarmos decisões a todo momento, estamos frequentemente mal preparados. Nós tendemos a criar rotinas e processos que reduzem a nossa necessidade de resolução, criando hábitos que a inibem.

O resultado é que, quando enfrentamos uma decisão fora da nossa rotina, geralmente ficamos paralisados a princípio, e normalmente pedimos ajuda. Temos medo das decisões porque elas envolvem riscos e, em geral, temos aversão ao risco. Também temos pouca aceitação aos erros, pois temos dificuldade de entender que eles são parte do processo de aprendizagem.

Nos jogos, a quantidade de risco envolvido é baixa, pois o que está em jogo é dinheiro de brinquedo, coisas abstratas ou algumas fichas. Se perdermos, isso é parte do jogo, e podemos jogar novamente, nos saindo melhor. Ou ainda, tentar um novo adversário, que seja mais forte ou mais fraco, dependendo da sua preferência para aprender. No xadrez, é costume dizer que você só pode aprender jogando contra adversários mais fortes. Assim, percebemos que perder faz parte do processo de aprendizagem, e que aprender com os erros é um caminho a seguir.

Isso faz com que os jogos sejam tanto uma ferramenta quanto um ambiente para aprender e tomar decisões. Os jogadores gostam de jogar uns contra os outros para treinar suas habilidades. Por isso, perder um jogo deve ser visto como um estímulo para tentar de novo, em vez de um castigo. À medida que jogamos cada vez mais, nos acostumamos a lidar com os riscos e a medi-los na tomada de decisões. Os jogadores tendem a lidar melhor com riscos, decisões e erros, ao entendê-los como parte do jogo e do processo de aprendizagem.

Apresentando o Edutainment (educação e entretenimento)

A maioria do nosso sistema de ensino pune cada lição aprendida com uma prova ou teste. A aprendizagem geralmente é associada a situações de estresse, em vez de momentos agradáveis. Isso é ainda mais forte nas disciplinas em que o aluno é mais fraco, fazendo com que ele odeie o assunto ainda mais e, muitas vezes, criando um bloqueio mental.

Mesmo quando não é estressante, o sistema tende a ser chato, submetendo o aluno à repetição interminável de problemas semelhantes, saturando sua memória para alcançar a solução de forma quase mecânica. Assim, o processo de aprendizagem torna-se uma estranha combinação de tédio e medo. Os alunos não gostam do sistema e estão ansiosos para sair dele e começar sua vida profissional.

Jogos, no entanto, têm um componente diferente, que combina educação e entretenimento, em um neologismo chamado edutainment. Aprender torna-se uma prática divertida. Isso é feito de maneira quase natural, na medida em que o cérebro reconhece um jogo como uma atividade agradável entre amigos. Perder é apenas parte da diversão, tanto quanto ganhar.

A maioria dos alunos não percebe que, durante os jogos de empresas, estão estudando. No final dos jogos, as queixas normalmente são sobre sua curta duração e sobre como são raras as oportunidades de usar esses métodos. Os alunos querem mais jogos e os entendem como diversão, não como tempo de estudo.

Isso é, em parte, uma mistura correta de adrenalina e endorfina para o cérebro, imitando os jogos da infância e as atividades de caça dos nossos antepassados. Na verdade, isso tem a ver com a forma como o nosso cérebro funciona e como os humanos evoluíram.

A EVOLUÇÃO HUMANA E O APRENDIZADO

Os seres humanos evoluíram a partir de mamíferos em um ambiente em que eram caçadores e coletores. Isso moldou a maneira como o nosso cérebro se desenvolve e aprende de várias maneiras. A Figura 1 mostra um modelo simplificado da memória humana, que serve para explicar os dois processos de aprendizagem principais: a repetição e o desafio.

Basicamente, as informações que os nossos sentidos captam a partir da realidade são armazenadas em uma memória sensorial que é muito viva e dura pouquíssimo tempo. Quando essa memória fica saturada, essas informações passam a ser armazenadas na memória de curto prazo, que é vívida e também de pouca durabilidade. A seguir, quando esta fica saturada, o conteúdo é armazenado na memória de longo prazo, que é menos vívida, mas é duradoura, podendo permanecer por toda a vida.

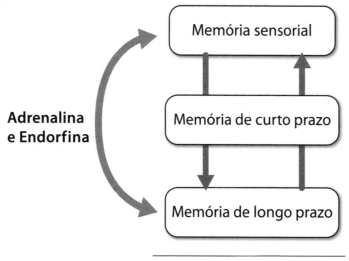

FIGURA 1 – MODELO DA MEMÓRIA HUMANA

Esse processo mostra a principal forma de aprendizagem para os seres humanos: a repetição. Exercícios são repetidos várias vezes a fim de saturar a memória sensorial e de curto prazo, para obter acesso à memória de longo prazo. Esse processo não é apenas utilizado nas escolas, mas também no treinamento militar, treinamento esportivo e formação religiosa. Conforme os processos vão se repetindo, as informações são armazenadas de uma forma que torna-se automático e quase natural repeti-los. Parte desse comportamento se dá porque estamos criando e reforçando as redes neurais no cérebro para que elas se fortaleçam e nunca percam essas capacidades.

Há uma segunda maneira de chegar à memória de longo prazo, que evoluiu devido à necessidade de aprender sem usar a repetição. Um exemplo: as situações perigosas, nas quais há risco de vida, tentativa, erro e repetição não são adequados. Nessas situações, o corpo libera adrenalina na tentativa de aprender rapidamente e armazenar cada momento na memória de longo prazo, uma vez que a pessoa sobrevive ao episódio. A endorfina é liberada, em seguida, para gerar um relaxamento e também uma sensação agradável.

A adrenalina torna os seres humanos mais atentos e perceptivos, aumentando a velocidade de aprendizado. É um hormônio produzido pelo organismo e propenso ao vício, portanto, o sujeito pode desenvolver alguma tolerância ou até mesmo dependência. A Figura 2 mostra a resposta de um ser humano normal para os níveis de estresse associados aos níveis de adrenalina. As duas curvas correspondem a uma pessoa com desempenho normal (curva mais baixa) e com alto desempenho (curva mais alta). Ou seja, uma pessoa que tenha sido exposta a níveis elevados de adrenalina, geralmente devido a um treinamento prolongado.

As curvas seguem da mesma forma geral, visto que, com um baixo estresse, também há um baixo desempenho. Na medida em que o estresse aumenta, o mesmo acontece com a performance, até que a curva atinja um nível de estabilidade, no qual o aumento do estresse não aumenta significativamente o desempenho. Em um certo ponto, o estresse é tão alto que o desempenho é perdido e, em um ponto crítico, a pessoa simplesmente para de funcionar, entrando em colapso. Para alguém ir do padrão normal para o de alto desempenho, precisa se acostumar com níveis crescentes de estresse. Caso contrário, a pessoa não será capaz de lidar com ele.

Caçadores fazem isso através de jogos que simulam a luta e a caça. E eu não estou falando apenas sobre os seres humanos. A maioria dos mamíferos caçadores praticam jogos como uma forma de aprender a caçar, bem como para o estabelecimento de hierarquias. Os seres humanos são apenas uma das várias espécies que fazem isso.

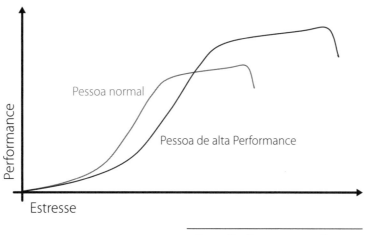

FIGURA 2 – PERFORMANCE E ESTRESSE

Portanto, jogar torna-se uma mistura perfeita de ambos os mecanismos através da combinação de processos de repetição e de desafio. Criando assim, um caminho para aumentar o nível de estresse. É, também, uma forma natural que mostra como os seres humanos evoluíram no aprendizado.

JOGOS E SIMULAÇÕES DE TOMADA DE DECISÃO

A capacidade de tomada de decisões é o que nos diferencia da maioria dos animais. Nós não seguimos necessariamente os nossos instintos e estamos aptos a fazer as nossas próprias escolhas. Os filósofos sempre descreveram isso como "livre arbítrio". No entanto, essa incrível capacidade é muito mal treinada.

A maioria de nós tem medo de tomar decisões. Às vezes, chegamos a uma situação de paralisia em que simplesmente não conseguimos nos decidir. O mundo industrial foi concebido em um sistema educacional e de governo em que os indivíduos não estão preparados e não têm incentivos para tomarem suas próprias decisões. Eles têm formação e incentivos apenas para seguirem seus líderes e fazerem o que lhes é dito.

Isso seria perfeito se os líderes soubessem agir com o gerenciamento adequado e se afirmassem na liderança, sabendo o momento e a maneira corretos de atribuir suas ordens aos seus seguidores. Na nossa realidade, esses líderes são os administradores e gestores. Para eles, tomar uma decisão é a atividade central, porém não são treinados para tal.

PERSPECTIVA HISTÓRICA

A palavra jogo tem um significado bastante amplo, pois pode descrever uma caça, um jogo infantil, um mercado, relações internacionais e até mesmo a sedução, ou os jogos de amor. Todas essas atividades envolvem dois ou mais lados tomando decisões.

A simulação é um termo mais específico, que denota um lado trabalhando com um modelo que representa uma versão simplificada da realidade, a fim de obter conhecimento sobre o assunto. Geralmente, usamos o termo simulação para descrever uma atividade solitária, e o termo jogo para uma atividade de dois ou mais participantes.

Não sabemos, ao certo, qual foi o primeiro jogo do mundo, mas as evidências apontam para a cidade-estado de Ur em 2600 a.C., onde foram descobertas evidências de um jogo de corrida conhecido como "O jogo real de Ur". Quase todas as culturas desenvolveram jogos com tabuleiros, dados, cartas, marcadores e moedas. Um dos mais famosos é o xadrez, que tem várias versões ao longo da história e em diversos lugares do mundo. O nosso xadrez tradicional vem do tempo das Cruzadas, mas as regras foram formalizadas provavelmente apenas no século XIX.

Os jogos de cartas apareceram pela primeira vez na dinastia Tang, durante o século IX, e chegaram à Europa no final da Idade Média, durante o século XIV. O baralho de Tarot data de 1430, enquanto o baralho comum surgiu a partir de 1480.

A popularização dos jogos durante o Renascimento ajudou a teoria das probabilidades e a teoria da decisão, que apareceram durante o século XVII. Isso levou ao surgimento da estatística nos séculos XVII e XVIII. O termo estatística deriva do Estado e da necessidade destes basearem suas políticas em fatos e provas. Jogos e estatísticas evoluíram juntos, ou coevoluíram.

No século XIX, em 1812, apareceu o primeiro jogo de guerra, o Kriegspiel, que significa, literalmente, jogo de guerra em alemão. O jogo se baseava em estatísticas que permitiam que os oficiais da Prússia treinassem para a guerra contra a França. Os jogos de guerra se tornaram um assunto de Estado até o final do século XIX. Muitos exércitos e marinhas do mundo usavam jogos e simulações como parte de sua formação, decisão, gestão e planejamento.

Durante a década de 1940, surgiu a teoria dos jogos, que era um novo ramo da matemática. Essa teoria se desenvolveu nas décadas seguintes, tornando-se parte central da economia, administração e ciências biológicas.

Após a Segunda Guerra Mundial, a economia se desenvolveu com uma velocidade maior e houve uma grande necessidade de treinar gestores. Surgiram muitos jogos de negócios baseados em decisões e vendidos comercialmente ao público. Muitas escolas de gestão e de graduação começaram a usar jogos e simulações de negócios como ferramentas de aprendizagem.

Na década de 1970, um grupo de usuários de jogos de guerra (war games) começou a desenvolver um ramo separado, em que os personagens eram mais importantes do que os exércitos, e, dessa forma, surgiram os role-playing games (RPG).

Com o aumento da capacidade dos computadores no final do século XX, a migração de muitos desses jogos para os computadores foi natural, e não apenas dos jogos de negócios, mas também jogos de guerra e RPGs. Atualmente, a indústria de jogos é grande em todo o mundo, com jogos de computador, de tabuleiro, de cartas, etc.

O UNIVERSO DOS JOGOS E SIMULAÇÕES DE TOMADA DE DECISÃO

Existem muitas maneiras de classificar ou descrever um jogo. O nosso interesse aqui é analisar os jogos em que a decisão é fundamental, e não a sorte ou a capacidade física.

Nossa primeira forma de analisar a diferença é mostrada na Figura 3, em que os jogos são agrupados por arquétipos: jogo de guerra, jogo de *role-playing* (RPG) ou jogo de negócios. Como se pode ver, os conjuntos são mostrados de modo que ocorrem intersecções entre os tipos.

Claro que os jogos podem ser agrupados em outros conjuntos diferentes e mais detalhados. Por exemplo, podem ser classificados através do meio no qual eles foram concebidos: computadores, jogos de tabuleiro e livros. Eles também podem ser classificados como cooperativos, competitivos ou coopetitivos (híbridos). Podemos classificar pelo número de jogadores ou pelo intervalo de tempo que se leva para jogar, e ainda, podem existir outros critérios de classificação. Os jogos também podem ser classificados quanto ao nível de tomada decisão que representam, isto é, decisões operacionais, estratégicas ou táticas. Agora analisaremos os principais arquétipos.

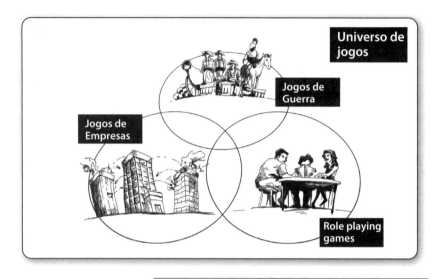

Figura 3 – O Universo dos Jogos de Decisão: Arquétipos

JOGOS E SIMULAÇÕES DE GUERRA (WAR GAMES)

Jogos de guerra são jogos nos quais dois ou mais lados manobram unidades militares para atingirem determinados objetivos. Esses jogos tentam simular uma realidade militar que pode ser uma batalha, uma operação ou até uma guerra inteira. As unidades normalmente são de terra, ar e mar, e podem incluir desde alguns homens até exércitos inteiros. A maioria dos jogos de guerra tem como principais temas os conflitos que ocorreram durante o século XX e o início do século XXI, mas há jogos de guerra de todos os períodos históricos, desde a antiguidade.

Acredita-se que os jogos de guerra são muito antigos e que devam ter surgido a partir do treinamento militar. As muitas versões do xadrez são uma boa evidência de que algum tipo de jogo baseado na guerra existe pelo menos desde o século VI, quando o Chaturanga apareceu na Índia.

O primeiro jogo de guerra moderno foi introduzido no século XIX, na forma do treinamento militar prussiano, e era chamado de Kriegspiel. Inicialmente, enfrentou preconceitos e foi visto como um brinquedo, até que provou ser uma forma eficiente de analisar a situação e obter conhecimento sobre o problema. Ele não dizia o que fazer, mas ajudava no processo de decisão.

No final do século XIX, o exército prussiano usava o Kriegspiel como uma ferramenta de treinamento e planejamento, e seu sucesso durante a unificação da Alemanha conduziu à adoção desse tipo de jogo por muitos outros exércitos.

Antes da Primeira Guerra Mundial, a maioria dos exércitos adotava alguma forma de jogo de guerra como uma ferramenta de planejamento. Isso incluía o exército alemão, que teve o desenvolvimento de seu plano de invasão principal, o plano Schlieffen, baseado nos resultados de um jogo de guerra. Quando a guerra estourou, percebeu-se que o planejamento tinha um problema: as novas tecnologias evoluíram para fora dos parâmetros incluídos no jogo. Mais precisamente, a melhor capacidade de defesa apresentada pelo amplo uso de metralhadoras. Isso levou os desenvolvedores do jogo a aprenderem da pior maneira que seus jogos eram limitados.

Eu chamo essa importante lição na evolução dos jogos de "a falácia de Schlieffen", isto é, a realidade não tem de se comportar de acordo com o seu modelo. Na verdade, é o oposto disso: o modelo é apenas uma simplificação da realidade e só funcionará dentro dos parâmetros criados. Se a realidade muda, seu modelo também deve mudar ou será inútil, ou pior, induzirá ao erro.

No entanto, os jogos de guerra continuaram a evoluir e, até o final da Segunda Guerra Mundial, foram muito úteis no planejamento de operações militares, por vezes até mesmo prevendo os problemas que os militares não queriam ver. O caso mais famoso é o da operação em *Midway*, no qual o alto-comando japonês jogou um jogo de guerra antes da operação real e, nele, perderam sua força de porta-aviões. O resultado foi considerado falso e o aviso foi ignorado. Quando a operação foi levada a cabo, o resultado real foi muito parecido com o que foi jogado.

Os alemães também usavam esses jogos para treinamento e planejamento. Pouco antes do desembarque aliado na Normandia, o comando alemão jogou uma situação semelhante, na qual ele tinha sido obrigado a recuar após algumas semanas, assim como o que se desenrolaria novamente na operação real.

Com o fim da Segunda Guerra Mundial, guerras passaram a ser muito caras e destrutivas, de maneira que aprender com elas ficou inviável. Isso ocorreu não só devido às armas atômicas, mas também ao alto poder de destruição de bombardeiros, armas químicas e biológicas. Os jogos de guerra se tornaram uma opção atraente como uma forma de simular os conflitos. Virando assim, a solução óbvia para treinamento e planejamento, e, uma vez que os computadores começavam a se desenvolver mais rapidamente, sua coevolução continuou com os jogos de guerra.

Em 1954, a Avalon Hill Game Company (AH) publicou um jogo de guerra comercial chamado Tactics, baseado em uma guerra moderna genérica. Nos anos seguintes, ela publicou muitos outros jogos baseados tanto em batalhas genéricas quanto históricas, principalmente sobre a Segunda Guerra Mundial, a Guerra Civil Americana (ACW) e as Guerras Napoleônicas. A Simulation Publications Inc. (SPI) foi fundada em 1969 e estabeleceu uma boa reputação de jogos de guerra durante a década de 1970. Em 1973, a Game Designer's Workshop (GDW) surgiu como a terceira grande editora de jogos de guerra.

No começo da década de 1980, os jogos de computador e os jogos de role-playing entraram em ascensão, e os jogos de guerra perderam importância. A SPI foi fechada em 1982, tendo sido comprada pela TSR, que publicava RPGs. Houve um pequeno renascimento no início da década de 1990, devido à Guerra do Golfo, mas o tema tornou-se novamente um nicho de mercado. A *GDW* foi fechada em 1996 e foi vendida para a Hasbro em 1998.

No final da década 1990, uma nova versão simplificada dos jogos de guerra, conhecida como euro-game ou jogo de estilo alemão, apareceu no mercado para fugir da competição direta com jogos de computador. Eles são mais abstratos do que os jogos de guerra anteriores, e também são mais atraentes para o público em geral. Isso criou uma nova linhagem de jogos, que, por vezes, é vista como um renascimento dos jogos de tabuleiro.

Na década de 2010, os jogos de guerra de tabuleiro são um nicho de mercado com algumas pequenas editoras, como a GMT, a Avalanche e a Columbia. No entanto, se você considerar o mercado de jogos de computador e os jogos do euro, a história é bem diferente, com vendas muito maiores e em ascensão.

Entretanto, nos exércitos do mundo, os jogos de guerra e simulações tomaram uma posição central. Não só os jogos de guerra estão sendo jogados para treinar oficiais em geral e planejar operações, mas as simulações também são usadas para treinamento de soldados em atividades de combate e retaguarda. As simulações são mais fáceis de manusear e também mais seguras, e seu custo total de propriedade é muito menor, pois poupam munição e combustível. Além disso, também podem ser feitas a portas fechadas, fora do campo de visão de observadores estrangeiros.

A maioria dos jogos de guerra militares são classificados como secretos ou reservados, não porque seus modelos sejam tão sofisticados que não possam estar presentes em jogos comerciais, mas por razões diplomáticas. Uma coisa é uma empresa privada publicar um jogo de guerra que retrata uma invasão de um país estrangeiro pelos EUA. Outra coisa, são as Forças Armadas dos EUA admitirem que estão simulando tal invasão. O segundo caso causaria um problema diplomático imediato. Os modelos de jogos de guerra comerciais tendem a ser mais criativos, uma vez que os projetistas podem ter mais liberdade para explorar os modelos.

Em geral, quanto mais tático o jogo, mais complexo ele é, pois há mais variáveis a serem levadas em conta. Além disso, existem mais fatores aleatórios, o que os torna mais difíceis. Em jogos táticos, fatores incontroláveis, como moral e liderança, que são difíceis de mensurar, têm de ser incluídos. Embora o desempenho de uma arma seja fácil de ser simulado, o fator humano é difícil de ser incluído.

Quando o nível da ação sobe para o de um batalhão ou uma divisão de exército, muitos desses fatores desaparecem devido às médias estatísticas e à "lei dos grandes números". Os cálculos tornam-se mais precisos e os efeitos combinados das decisões lembram mais a teoria dos jogos.

Se você estiver disposto a comprar um jogo de guerra para experimentar, a Tabela 1 mostra algumas dicas sobre onde encontrá-los e o que tentar primeiro.

Minhas recomendações básicas são o site da Hexwar, baseado nos jogos da SPI e operado pela Decision Games, e o meu próprio site (www.wargamerclub.com), onde mantenho alguns jogos de guerra gratuitos como um hobby.

PÁGINAS DA INTERNET	
Hexwar	www.hexwar.net
Wargamerclub	www.wargamerclub.com
Board Games Geek	www.boardgamegeek.com
Grognard	www.grognard.com
GMT Games	www.gmtgames.com
Avalanche Press	www.avalanchepress.com

Phalanx Games	www.phalanxgame.net
Columbia Games	www.columbiagames.com
Fantasy Flight Games	www.fantasyflightgames.com
Paradox Interactive	www.paradoxplaza.com
Firaxis Games	www.firaxis.com
Matrix Games	www.matrixgames.com
JOGOS DE TABULEIRO	
Twilight Struggle	GMT Games
Panzer Grenadier	Avalanche Press
A House Divided	Phalanx Games
Hammer of the Scots	Columbia Games
Brittania	Fantasy Flight Games
JOGOS DE COMPUTADOR	
Europa Universalis III	Paradox Interactive
Civilization V	Firaxis Games
Commander – Europe at War	Matrix Games
Ars Regendi	www.ars-regendi.com

LIVROS	
The Art of Wargaming	Peter P. Perla
War Games	Thomas B. Allen
Little Wars	H. G. Wells
Fletcher Pratt's Naval Wargame	John Curry

Tabela 1 – Jogos de Guerra: locais onde encontrar

ROLE-PLAYING GAMES (JOGOS DE INTERPRETAÇÃO)

Role-Playing Games (RPGs) são jogos onde os participantes interpretam um personagem. Esses jogos geralmente são cooperativos e semelhantes a uma peça de teatro, na qual os personagens não têm um roteiro para seguir, mas há uma história e um objetivo. Nos negócios, lembram um estudo de caso, mas as decisões não foram tomadas e os jogadores devem decidir o que fazer, como fazer e quem fará cada tarefa.

RPGs podem simular presidentes, vice-presidentes, conselhos, ministérios, altos-comandos, assembleias políticas e grupos religiosos. Mas também pequenas unidades, como uma unidade antiterrorista, uma equipe de forças especiais ou um grupo de cavaleiros em uma missão. Devido à natureza tática do RPG, a regra é não só mais complexa, mas também específica para cada situação retratada.

Os RPGs apareceram pela primeira vez na década de 1970, quando os jogos de guerra de conflitos medievais começaram a introduzir heróis e monstros diferenciados para os seus jogos, a fim de torná-los mais interessantes e simular batalhas de fantasia. Logo surgiram magos e clérigos, bem como magias e itens mágicos. Era natural que o conceito de equipe de forças especiais evoluísse para um grupo incluindo guerreiros, bárbaros, paladinos, magos e homens santos que tentariam resolver uma situação que um exército não poderia.

Uma vez que o aspecto de jogo de guerra havia sido eliminado, o aspecto de aventura começou a evoluir e o jogo tornou-se um arquétipo por conta própria. Durante a década de 1980, o RPG floresceu e apareceram várias empresas para publicá-los, sendo as mais importantes a TSR, a GDW e a ICE.

No entanto, o desenvolvimento dos jogos de computador e o aparecimento dos jogos de cartas em meados da década de 1990, assim como a internet, mudaram o mundo dos RPGs, tal como no caso dos jogos de guerra. Os RPGs começaram a ser jogados nos computadores e, mais tarde, na internet. Os Massively Multiplayer Online RPGs, ou MMORPGs, iniciados em 1997 (com Ultima Online), tornaram-se populares em 1999 com Everquest, da Sony. Enquanto isso, os RPGs publicados em papel entraram em crise e se tornaram um nicho de mercado.

A GDW fechou em 1996. A Wizards of the Coast, uma produtora de jogo de cartas, adquiriu a TSR em 1997. A Hasbro comprou a Wizards of the Coast em 1999. A ICE entrou em falência em 2000.

Em contraste, os jogos de computador estavam em ascensão, não só com os jogos baseados em PC, mas também nos consoles de jogos. O Playstation 2 foi lançado em 2000, o Xbox e o Game Cube em 2001, já o Xbox 360 em 2005. O Nintendo Wii e o Playstation 3 em 2006. Todos esses consoles incluíam títulos de RPG.

Hoje em dia, os RPGs de papel ou, até mesmo, em pdf são um nicho de mercado, enquanto os MMORPGs e os videogames RPGs são os produtos mais populares. Existem várias formas de classificar um RPG, mas a mais comum é através do cenário em que os jogos se baseiam. A maioria dos jogos tem cenários medievais ou de fantasia, mas alguns usam um cenário de ficção científica ou mundo contemporâneo. RPGs, também podem ser baseados em uma história em que os personagens terão um objetivo, ou eles podem estar em um mundo aberto, às vezes chamado de "sandbox", no qual os jogadores são livres para se moverem como quiserem.

RPGs normalmente são baseados em níveis de personagens para medir a sua experiência, e eles crescem em poder à medida que progridem por esses níveis. Essa artificialidade era necessária para explicar como alguns personagens eram muito mais poderosos do que outros e eram capazes de sobreviver aos encontros com monstros fantásticos. Em cenários sem magia ou monstros, os níveis fazem pouco sentido, mas se tornaram uma característica central dos *RPGs*. A alternativa aos níveis são as habilidades que são aumentadas com o ganho de experiência. Dessa maneira, muitos RPGs em ambientes sem magia são considerados como "baseados em habilidades", em vez de "baseados em níveis".

As aplicações dos RPGs para o mundo dos negócios sempre se mantiveram limitadas e nunca se tornaram muito populares. Isso provavelmente se deve ao fato de que eles são difíceis de projetar, e sua aplicação se parece muito com um estudo de caso ou uma dinâmica de grupo.

RPGs têm uma combinação de elementos de jogo, narrativa e simulação, o que levou à criação da teoria de classificação GNS (Game, Narrative and Simulation). Na verdade, os jogos podem ser classificados de acordo com o aspecto principal desses elementos, e então direcionados aos públicos mais interessados em tal elemento.

Analisando, ao longo do tempo, o elemento jogo dominou nas décadas de 1970 e 1980, enquanto o elemento narrativa era mais central durante as décadas de 1990 e 2000. O elemento de simulação tornou-se mais importante com o desenvolvimento dos jogos de computador, que tornaram seu visual mais realista.

Alguns jogadores não classificam RPGs de computador e RPGs de papel na mesma categoria, visto que eles se tornaram dois mundos separados. O que se espera de um livro de RPG é um bom enredo e drama. No RPG de computador, o jogo pode ser puramente de tiro em primeira pessoa (FPS – First Person Shooter) com pouco ou nenhum drama e, às vezes, uma história muito simples, em que os jogadores tomam pouquíssimas decisões. Em algum momento, o nível de decisões é tão baixo que eles não podem mais ser considerados no nosso escopo de estudo de jogos baseados em decisões. Nesse limite, eles se tornam apenas um passatempo e não são nem mesmo um jogo.

Em geral, os jogadores de RPG gostam de situações onde a solução está aberta para os jogadores, isto é, quando há várias maneiras de resolver uma situação, variando desde a força bruta até a astúcia e a diplomacia. Ou, mais comumente, uma combinação de ambas, de modo que as diferentes habilidades do grupo são mais valiosas em conjunto e cada um possui papel importante na solução do caso.

Se você quiser experimentar um RPG, a Tabela 2 mostra algumas dicas e recomendações.

PÁGINAS DA INTERNET	
Chaosium	www.chaosium.com
Fantasy Flight Games	www.fantasyflight.com
Wizards of the Coast	www.wizards.com
Steve Jackson Games	www.sjgames.com
Sony Online Entertainment	www.soe.com
Eletronic Arts	www.ea.com
Ubisoft	www.ubi.com
RockStar Games	www.rockstargames.com
LIVROS DE RPG	
Dungeons and Dragons	Wizards of the Coast
Warhammer	Fantasy Flight Games

Basic Roleplaying	Chaosium
GURPS	Steve Jackson Games
JOGOS DE COMPUTADOR DE RPG	
Everquest 2	www.everquest2.com
Might and Magic Heroes 6	www.ubi.com
Dungeons and Dragons Online	www.signup.ddo.com

TABELA 2 – ROLE-PLAYING GAMES: LOCAIS ONDE ENCONTRAR

JOGOS E SIMULAÇÕES DE NEGÓCIOS

Jogos de negócios (JN) são aqueles nos quais os jogadores assumem o papel de um tomador de decisão em uma organização. Normalmente, essa é a posição de um CEO, mas também pode ser de diretor ou gerente de uma certa parte da organização. Normalmente, seu objetivo é o de gerir a situação por um tempo determinado e alcançar os objetivos estipulados.

Um JN pode simular qualquer setor da economia ou qualquer parte de uma empresa, é apenas uma questão mais complexa. Um setor financeiro, onde todos os dados são numéricos, é mais simples para simular do que um departamento de recursos humanos, onde a maioria dos dados é intangível ou subjetivo. Além disso, as variáveis têm de ser criadas para simular moral, confiança, compromisso e liderança. Aqui também, quanto mais tático o jogo, mais complexo ele será, pelo mesmo motivo dos outros jogos. Existem fatores mais intangíveis e aleatórios para serem levados em conta.

É difícil estabelecer quando o primeiro JN apareceu, mas existem alguns jogos que datam da década de 1960 da Avalon Hill, como Management (1960), Stocks and Bonds (1964) e Acquire (1962). Monopoly, que no Brasil é mais conhecido como Banco Imobiliário, surgiu por volta de 1933, mas a maioria dos jogadores o considera um jogo de sorte, e não de decisão.

Outros momentos importantes foram o desenvolvimento da teoria dos jogos durante a década de 1940 e o crescimento pós-Segunda Guerra Mundial de empresas em todo o mundo. Algumas metodologias de projeções, previsões e simulações podem ser vistas como uma forma de JN, de acordo com a tolerância da pessoa que faz a classificação. Se levarmos em conta a teoria da decisão, voltaremos até o século XVII.

No entanto, o verdadeiro crescimento dos JNs começou na década de 1970, inicialmente com jogos de tabuleiro e, a partir da década de 1980, com jogos de computador. A partir desse momento, o elemento de sorte diminuiu e o aspecto de simulação aumentou. Esses jogos evoluíram, em parte, dos jogos de guerra e, em parte, dos RPGs. Alguns jogos de guerra tinham um modelo de logística muito complexo, enquanto alguns RPGs de ficção científica tinham um aspecto comercial. Dessa forma, alguns jogos estão na fronteira dos JNs, como Striker (GDW), The Campaign For North Africa (SPI) e Star Trader (SPI).

No final dos anos 1980 e início dos anos 1990, os computadores também estavam mudando esse arquétipo. A Maxis introduziu Simcity em 1989 e a Microprose lançou Railroad Tycoon em 1990. A série Tycoon cresceu e se tornou uma das mais bem-sucedidas do arquétipo.

Ao mesmo tempo que surgiam os títulos comerciais, também houve o desenvolvimento dos jogos acadêmicos, bem como dos jogos de treinamento. A StratX foi fundada em 1984, e desenvolveu uma série de simulações para os mercados corporativos e de MBA, sendo seu título principal o Markstrat. A Advanced Competitive Strategy (ACS) criou o ValueWar em 1986. A L'oreal introduziu um jogo de recrutamento com base no Markstrat em 1999, que foi nomeado e-Strat. A Innovative Learning Solutions (ILS) começou a comercializar a simulação Marketplace. A Booz Allen Hamilton introduziu jogos de guerra de negócios durante a década de 2000, com a ajuda de Mark Herman, um projetista de jogos de guerra.

Eu lancei o meu primeiro livro sobre o assunto em 2001, pela Makron Books. O livro continha seis jogos. Desde então, criei jogos para BAT, Shell e Petrobrás sob a forma de consultoria. Esses jogos agora são propriedades dos clientes e eu não posso revelar seus detalhes em público.

No momento, os jogos de negócios ainda são um mercado novo. Existem várias pequenas empresas que produzem uma ou duas simulações simples, e algumas empresas de médio porte que produzem simulações para treinamento e análise. Ainda não há nenhuma grande empresa nesse mercado. O mercado de jogos comerciais também é fragmentado, e os títulos não são os de maior interesse pelo público, a menos que você considere os jogos do tipo euro nesse arquétipo também.

No entanto, existe uma demanda crescente em MBAs, divisões de RH e estratégia das empresas para jogos e simulações. Com um ambiente cada vez mais competitivo, há menos margem para erro na estratégia. Alguns simuladores também traduzem a estratégia em orçamento, ou podem ser otimizadores do orçamento para a estratégia escolhida. Quase todos os melhores MBAs do mundo usam um jogo de negócios em seus cursos, e muitos cursos de graduação também estão incluindo essa ferramenta. As divisões de Recursos Humanos também têm uma demanda para jogos em seus treinamentos, reuniões e ferramentas de recrutamento. Os jogos são bons para quebrar o gelo e expõem a tolerância ao risco e a capacidade de trabalhar em equipe dos candidatos.

Como a maioria desses jogos são pagos, é difícil ter uma ideia de como eles funcionam apenas falando sobre eles. Decidi incluir alguns jogos neste livro para que você possa jogar com seus amigos ou usar em sala de aula. As várias maneiras em que eles podem ser utilizados serão abordadas no próximo capítulo.

Mais uma vez, segue uma lista de sites e jogos que você pode querer experimentar por conta própria.

PÁGINAS DA INTERNET	
Board Games Geek	www.boardgamegeek.com
Rio Grande Games	www.riograndegames.com
Mayfair Games	www.mayfairgames.com
Eletronic Arts	www.ea.com
Enlight Software	www.enlight.com
StratX	www.markstrat.com
Booz Allen Hamilton	www.boozallen.com
Advanced Competitive Strategies	whatifyourstrategy.com
Forio Online Simulation	www.forio.com
JOGOS DE TABULEIRO	
Puerto Rico	Rio Grande Games
Power Grid	Rio Grande Games
Settlers of Catan	Mayfair Game
Star Trader	SPI
Stock Market Guru	Avalon Hill
1830: Railways and Robber Barons	Avalon Hill

Air Baron	Avalon Hill
New World	Avalon Hill
Pax Brittania	Victory Games
Manifest Destiny	GMT Games
JOGOS DE COMPUTADOR	
Markstrat	StratX
Capitalism 2	Enlight Software
Sim City 4	Eletronic Arts
LIVROS	
The Strategy Game	Craig Hickman
Wargaming for Leaders	Mark Herman
Game Storming	Dave Gray et al.
Business War Games	Benjamin Gilad and Todd Stitzer

Tabela 3 – Jogos de Negócios: locais onde encontrar

COMO USAR JOGOS E SIMULAÇÕES DE NEGÓCIOS

Uma vez visto o que são os JNs e sua diferença dos outros jogos de decisão, iremos agora analisar como esses jogos podem ser usados por empresas, universidades e até mesmo entre amigos. Este capítulo é a chave para entender como essa ferramenta pode ser usada e, como ocorre com qualquer ferramenta, só é possível conseguir grandes resultados se usada corretamente.

PROPÓSITO DO JOGO

Antes do início de qualquer jogo, deve estar claro qual é o objetivo da sessão do jogo. Todos os participantes devem ter esse propósito em mente. Existem basicamente três propósitos para o uso de um BG: *edutainment*, análise e recrutamento.

EDUTAINMENT

Edutainment é um neologismo formado a partir da combinação de education and entertainment (educação e entretenimento). Isso significa que o jogo tem como objetivo ensinar enquanto diverte. Ele associa os mecanismos de jogos com endorfina e adrenalina para tornar o processo de aprendizagem agradável e desafiador. Assim, ensina conceitos que o participante perceba. Algumas das mensagens são construídas dentro do jogo, para que sejam fáceis de absorver.

Um jogo de *edutainment* é basicamente um modelo impressionista no qual alguns aspectos do negócio estão presentes e, por vezes, são exagerados para torná-los mais importantes nos jogos. Dessa forma, cria-se uma imagem distorcida, mas vívida da realidade. É importante que o professor (ou facilitador) deixe essa distorção clara no final do jogo, durante a sessão de debriefing, para que essa visão distorcida se torne uma lição, e não, um treinamento negativo. Sendo assim, o jogo não tenta retratar a "realidade", mas apenas dar uma forte impressão do que é ela.

Esses jogos estimulam fortemente a autoaprendizagem e a criatividade dos alunos. Todos os incluídos neste livro são desse tipo, pois foram projetados para uso em salas de aula, tanto no nível de graduação quanto de pós-graduação. É o tipo de jogo mais utilizado em treinamento, ensino e educação.

Análise de situação

Os jogos de análise tentam estudar uma determinada situação ou modelar um determinado mercado com o máximo de realismo possível. Seu principal objetivo é ser uma plataforma neutra, em que novas estratégias e táticas possam ser testadas antes de sua implementação. Para isso, eles devem tentar retratar um modelo que seja o mais próximo possível da "realidade".

Esse tipo de jogo pode levantar ideias sobre o que pode acontecer quando uma determinada decisão for implementada, tanto pelas falhas apresentadas, reações óbvias pelos outros jogadores ou até mesmo pela dinâmica de um mercado. Eles não podem dar uma solução para a situação. Entretanto, podem oferecer uma experiência indireta e dar aos jogadores percepções que eles não tinham antes, bem como levantar questões sobre um mercado que não tinham pensado antes. Muitas vezes, essas questões são do tipo "e se".

Embora esses jogos tentem criar modelos quase perfeitos da realidade, o que é, naturalmente, impossível, acabam sendo sempre uma simplificação do mundo real. Às vezes, esses modelos têm falhas não percebidas que podem criar distorções nos jogos. Esse foi o caso do *Kriegspiel* no exército alemão. Desse modo, é importante manter-se atento aos modelos e não acreditar neles como "oráculos".

Mais uma vez, o *debriefing* é importante, mas agora eles são mais abertos, lembrando um *brainstorm* ou um debate. Dessa forma, muitas perguntas surgem, bem como impressões e pontos de vista assimétricos. Em muitos casos, o *debriefing* leva para um segundo jogo, com muito mais entendimento do que pode se desdobrar, e novas linhas de decisão e percepções surgem. Mais uma vez, é importante reafirmar que o jogo não fornece respostas, e sim, ideias e perguntas.

Recrutamento

Os jogos de recrutamento têm como objetivo testar os jogadores, e não um mercado. O ponto principal mostra que é mais fácil esconder sua própria personalidade e atitude durante uma entrevista do que durante um jogo. Com o tempo, a maioria dos entrevistados acabam treinados para se comportarem dentro de um padrão que pode esconder seu verdadeiro eu dos recrutadores. No entanto, durante um jogo, o candidato é obrigado a tomar decisões e se expor.

Isso pode revelar muitas coisas sobre o candidato, como sua capacidade de trabalhar em equipe, sua tolerância ao risco, sua resposta ao estresse e sua capacidade de gerir o tempo. Em uma entrevista, se perguntarem a um candidato se ele é bom em qualquer um desses pontos, a resposta óbvia é sim. Por isso, é quase impossível identificar qual candidato está mentindo e qual não. No entanto, durante uma sessão de jogo, é possível expor essas características em um ambiente controlado.

Aqui, o modelo é menos importante do que a criação das situações certas. O jogo deve ser projetado de forma que se possa expor e observar as características esperadas de um candidato submetido ao jogo. Os modelos geralmente são simples, mas, por vezes, um jogo complexo pode ser concebido.

A complexidade será determinada pelo tamanho da amostra de candidatos. Uma grande quantidade precisa de um jogo de computador via Internet. Por vezes, ao longo de várias sessões, para se identificar a capacidade de cumprir prazos e manter o foco por um longo tempo. Se a quantidade de candidatos é pequena, o jogo se assemelhará a uma sofisticada dinâmica de grupo. O *debriefing* aqui é opcional, dependendo se um feedback é desejado. Para o recrutamento interno, geralmente é sugerido que exista o *debriefing*; caso contrário, não.

FORMATOS DE JOGOS

Independente da finalidade, os jogos têm muitos formatos, os quais apresentam diferenças em termos de tempo de jogo, número de participantes e recursos necessários. Abordaremos a seguir os principais formatos.

Papel e caneta (pen and paper)

Esse formato tem esse nome porque, literalmente, o jogo pode ser jogado apenas com papel e caneta. Hoje em dia, a maioria das salas de aula tem quadros brancos, flip charts ou um computador com uma planilha e um projetor, mas mesmo sem esses recursos, esses jogos podem ser jogados. O baixo custo envolvido e a facilidade de utilização são os principais atrativos desses jogos, uma vez que eles podem ser usados em qualquer lugar.

Os jogadores podem ser divididos em vários grupos. O número de grupos pode variar de dois a sete, mas a minha preferência pessoal é quatro grupos. Cada grupo pode ter de duas a cinco pessoas, mas o número ideal é três. Por isso, pode ser jogado com 4-35 jogadores, com um ideal de 12 pessoas. Com muitos jogadores, algumas pessoas ficarão sem ter muito o que fazer, então eu não recomendo passar de 20 jogadores. Porém, em alguns casos, você terá que se adaptar a um número maior de participantes.

Sempre tente equilibrar os grupos em termos de habilidade se você conhecer os jogadores, ou sorteie os grupos, caso não os conheça. Sortear os grupos também serve para quebrar "panelinhas" de alunos que sempre querem trabalhar juntos e não aprendem a lidar com outras pessoas, como ocorre com frequência no final dos cursos de graduação ou dos MBAs.

A duração pode ser de uma a quatro horas com, pelo menos, meia hora depois para o *debriefing*. Se você ultrapassar esse tempo, a aprendizagem pode até ocorrer, mas o jogo se tornará chato e repetitivo, com provavelmente um ou mais grupos fora da competição por uma vitória. A duração deve ser tal que eles permaneçam interessados por todo o período. Minha escolha pessoal é de três horas de jogo com meia hora de *debriefing*, mas você deve se adaptar ao horário disponível.

Os jogos no final deste livro têm esse formato. Eles foram concebidos para uma duração de três horas, mas que pode ser aumentada ou dividida em dois dias diferentes.

Jogos de tabuleiro

Esse formato exige um tabuleiro de jogo sobre uma mesa, o que limita o espaço para os participantes. Idealmente, essa mesa deve estar em uma sala isolada, para que os marcadores em cima do tabuleiro não sejam alterados, uma vez que eles geralmente são a manutenção das informações do jogo. Esses jogos tendem a ser mais longos e a exigir imersão. Embora isso possa ser alcançado em uma sala de uma empresa, normalmente é melhor ter uma sala de reuniões de hotel alugada para o evento, para que os jogadores possam ficar longe de seu ambiente de trabalho. No caso de uma aplicação em uma faculdade, a sala deve ser isolada e não deve ser uma sala de aula normal.

O número de participantes normalmente varia de dois a sete. Aqui, a minha sugestão pessoal é de cinco jogadores mais o professor. Ele deve conhecer muito bem as regras e ser capaz de resolver situações não previstas, bem como situações onde a regra esteja em conflito interno. Uma vez que existem poucos jogadores em um jogo desse tipo, ele é recomendado para pessoas mais interessadas no assunto, mas com tempo de sobra. Dessa forma, o público ideal são os gerentes e os estudantes de MBA.

A duração desses jogos é muito mais longa, indo desde quatro até doze horas. Isso exigirá que o tabuleiro esteja seguro nos períodos de almoço e intervalos, sem ser mexido. Também pode ser necessário manter o tabuleiro intacto de um dia para o outro.

Os modelos dos jogos de tabuleiro tendem a ser simples devido ao limite de cálculos feitos. Normalmente, o jogo tem vários marcadores auxiliares que ajudam os jogadores a manter as informações. Se a necessidade de dados e anotações ultrapassa um certo limite, o jogo torna-se muito lento e os jogadores podem achar chato. Além disso, deve ser jogado de forma relativamente rápida. Caso contrário, os participantes podem ficar sem ter o que fazer enquanto esperam os outros jogarem, o que é conhecido como "downtime" (odiado pelos jogadores). Por essas razões, os modelos têm de limitar sua complexidade.

Uma variação dos jogos de tabuleiro são os jogos de cartas, que prefiro considerar como uma subclasse do jogo de tabuleiro, e não um formato em si. Muitos jogos de tabuleiro e de papel e caneta utilizam cartas como um recurso de jogo. Em alguns casos, esse recurso torna-se tão importante que o tabuleiro se torna desnecessário e o jogo se transforma em um jogo de cartas.

Um dos problemas dos jogos de tabuleiro é que jogá-los muitas vezes pode se tornar repetitivo. Uma maneira de resolver essa limitação é ter diversos cenários, de maneira que os participantes possam praticá-los muitas vezes, experimentando diferentes aspectos do modelo em cada partida.

Jogos de tabuleiro são excelentes para grupos informais de estudo dentro de uma empresa ou em um curso de MBA, pois os jogadores podem se divertir juntos, enquanto exploram os modelos. Eu não recomendo usá-los em salas de aula. Recomendo fortemente que você forme um grupo com os seus amigos e explore alguns desses jogos. Não é uma coincidência que o mercado de jogos de tabuleiro esteja crescendo, são divertidos e excelentes para aprender.

Jogos de computador

Os "jogos de computador" foram desenvolvidos inicialmente para serem jogados de maneira solitária, mas, com o advento da web, se tornaram viáveis para jogar online ou através de um software cliente-servidor. Nesse aspecto, tornaram-se "multijogador". O principal requisito é um computador e o software.

Estranhamente, não há muitos bons jogos de negócio nesse formato. Os jogos existentes podem ser muito curtos ou longos, e quase nenhum têm uma duração média de quatro a oito horas. Isso nos leva à principal limitação desse formato: são muito limitados na adaptação às necessidades dos cursos de treinamento e desenvolvimento. Na verdade, geralmente é necessário adaptar o software existente ou desenvolver um para suas próprias necessidades, o que custa caro.

Para os jogos individuais, há o problema da inteligência artificial, que deve ser desenvolvida para desafiar o jogador apenas o suficiente para superar a dificuldade. No entanto, inteligências artificiais são previsíveis. Então, após algumas partidas, o jogador humano estará usando as falhas da inteligência artificial, e não mais jogando o jogo em si.

Para resolver esse problema, sugiro jogos que você jogue com/contra outras pessoas, pois eles são adaptáveis e não são inteiramente previsíveis em suas decisões. Isso significa que você precisará de um sistema cliente-servidor ou de um sistema online. Infelizmente, nesse caso, há poucos jogos para escolher.

O tempo do jogo pode ser muito longo e os modelos muito complexos. A principal vantagem é que a contabilidade é toda feita pelo sistema de computador, de modo que os modelos podem ser mais sofisticados. Isso também significa mais tempo para ensinar os participantes a usar o software e o modelo. Os jogos também podem ter muitas rodadas, dependendo do modelo usado. Isso significa que um jogo individual pode ser executado por mais de 50 horas, enquanto jogos multijogador geralmente podem durar 24 horas de aula.

Se o aprendizado do uso do software precisar de um período maior do que uma hora, os jogadores não serão capazes de aprender tudo de uma só vez. Por isso, os jogos muitas vezes crescem em complexidade durante a partida, para facilitar a curva de aprendizado. Isso pode ser feito tanto com níveis quanto com novas variáveis a serem introduzidas na medida em que as rodadas ocorrem.

Alguns jogos são jogados em tempo real em vez de baseados em rodadas, mas eu não gosto deles por várias razões. A primeira, é que eles normalmente acabam por envolver apenas a habilidade com o mouse em vez de decisão. Isso não ajuda a treinar os jogadores para o ciclo de planejamento, execução e avaliação que as empresas executam anualmente. Jogos baseados em rodadas mimetizam esse ciclo de forma natural.

Recomendo jogos de computador para treinamento da empresa e para uso pessoal como uma forma de ensino a distância (EaD) e engajamento, antes ou depois de um treinamento presencial. Eles são uma boa maneira de manter os alunos e os funcionários envolvidos na formação e discussão sobre o mercado e as empresas. Para empresas e MBAs, recomendo jogos de multijogador baseados em rodadas, usando sistemas de servidor do cliente. Para uso pessoal ou EaD, recomendo jogos individuais baseados em rodadas e em turnos multijogador, usando sistemas cliente-servidor. Jogos online tendem a ser limitados pela presença contínua do jogador gerando cansaço. Isso faz com que a experiência de jogo não seja tão rica.

Livro-jogo

O livro-jogo é, na verdade, uma árvore de decisão sob o formato de um livro. Eles são basicamente jogos individuais, mas podem ser jogados em pequenos grupos. Também são uma mistura de um estudo de caso e um jogo, uma vez que são um caso em que as decisões ainda não foram tomadas. Os resultados das decisões e sua implementação dependerão da escolha do leitor.

A grande vantagem é que, além do jogo, na verdade, um livro, você só precisa de uma cadeira e, em alguns casos, de dados. Isso significa que é um formato mais barato e fácil de usar. Além disso, qualquer um pode projetar um jogo assim, mas será necessário escrever um livro.

Eu já usei um livro-jogo em uma plateia com mais de 50 alunos, em que eles votaram a favor da decisão de forma similar ao que um conselho faria, mas isso é complicado e não recomendo a menos que você tenha muita experiência em lidar com grandes grupos.

Em audiências menores, você pode simular os conselhos e fazer os jogadores defenderem os diferentes cursos de ação possíveis para estimular suas habilidades de argumentação e negociação. Também pode obter algum drama na plateia. Nesse caso, o número ideal é de quatro a dez pessoas. Outra vantagem é que você sempre pode reiniciar o livro e tentar um novo ramo da árvore de decisão, a fim de desenvolver novas leituras.

A principal desvantagem é a mesma de um estudo de caso: eles são muito limitados à situação descrita e nem sempre podem ser transportados para a realidade de uma empresa. Dessa forma, eles são melhores para cursos de MBA e para uso pessoal. Em treinamentos de empresas, são menos úteis. Além disso, existem bem menos livros-jogos do que estudos de caso. Existem alguns livros publicados em inglês, e projetei dois em português. Meus dois jogos refletem os mercados de banco e varejo aqui no Brasil usando empresas fictícias.

Dramatização

O formato final de jogo é a dramatização, que combina os elementos de RPG, teatro e dinâmicas de grupo. Nesse jogo, os participantes representam personagens com diferentes pontos de vista e objetivos dentro de uma negociação ou conflito. A dramatização pode ser muito aberta e teatral ou mais rígida, com regras e limites claros sobre o que cada jogador pode fazer. Isso refletirá se o projetista queria algo mais próximo de uma dinâmica de grupo ou de um RPG.

O número de participantes pode variar de dois a vinte, mas geralmente funciona melhor com quatro a dez participantes. Abaixo de quatro jogadores, há pouca sinergia e debate e, acima de dez, pode tornar-se muito confuso. A duração pode ser muito flexível com esse formato, variando de uma hora a um dia inteiro (oito horas). No entanto, é difícil manter os jogadores interessados depois de três horas.

O jogo pode ser simples de projetar, mas o mais difícil é aplicá-lo, e deve abraçar a assimetria de objetivos em seu projeto. Esse jogo não aceita bem uma lógica competitiva, mas sim cooperativa, em que as partes devem ao mesmo tempo cooperar e competir. É por isso que esse formato é tão bom para ensinar negociação, seja ela política, diplomática, econômica ou gerencial.

A chave para o sucesso desse formato é o envolvimento dos jogadores, de modo que ele deve ser aplicado a um público mais maduro e com uma atmosfera que estimule o "faz de conta". Caso contrário, a participação não será envolvente o suficiente e o jogo será chato. Isso faz com que a aplicação do jogo fora do escritório (sala de reunião, hotel ou uma escola de negócios) seja quase obrigatória.

Esse jogo não é muito fácil de usar pessoalmente. Ele funciona melhor para treinamentos em empresas ou MBAs entre pessoas mais maduras que têm de aprender os detalhes da negociação e da interação.

Comparação entre formatos

A Tabela 4 resume e compara as principais características dos formatos descritos para uma melhor visualização.

FORMATO	JOGADORES	DURAÇÃO	LOCAL	USOS PRINCIPAIS
Papel e lápis	4-20	2-4 h	Sala de aula	Graduação, MBA, empresa e pessoal
Tabuleiro	2-7	4-12 h	Sala de reunião	Pessoal
Computador	1-5	4-50 h	Sala com computador	Graduação, MBA, empresa e pessoal
Livro-jogo	1-10	2-10 h	Casa e sala de aula	Graduação, MBA, empresa e pessoal
Dramatização	4-10	1-3 h	Sala de reunião	MBA e empresa

Tabela 4 – Características dos Formatos de Jogo

DEBRIEFING, AFTERMATH OU DEBATE FINAL

Uma vez que o jogo termina, devemos fazer um debriefing, ou análise posterior ao jogo, para estabelecer uma ponte entre o jogo e a realidade e, ainda, homogeneizar a aprendizagem dos participantes. Esse é um momento em que eles discutirão suas impressões sobre o jogo e por que tomaram cada decisão.

Essa técnica é uma mistura entre uma sessão de análise, um *brainstorming*, um debate e uma palestra. Ela pode ser formal ou informal. Entre amigos, ela naturalmente será informal e os temas serão discutidos sem qualquer agenda específica. Em um ambiente profissional, é desejável que siga uma agenda específica, que garanta que os temas mais relevantes serão abordados com a ajuda do professor ou facilitador. O momento ideal é logo após o jogo, quando as experiências estão frescas em suas mentes.

Dependendo se o objetivo do jogo é análise, *edutainment* ou recrutamento, as perguntas serão muito diferentes. No entanto, em qualquer caso, deve ser estabelecida a linha entre o jogo e a realidade. Será natural que os jogadores zombem entre si, uma vez que seus instintos de jogo ainda estarão muito vivos e a experiência de competição estará fresca. Basta ter o cuidado de não permitir que isso se torne agressivo e controlá-los para que mantenham um ambiente divertido e relaxado. Isso permitirá que a endorfina atue em seus corpos, fixando a aprendizagem na memória de longo prazo.

Esse é um momento de relaxar a tensão e de trocar experiências, no qual os participantes que aprenderam menos poderão obter conselhos daqueles que aprenderam mais, partilhar suas visões do que estava acontecendo e obter um entendimento de seu processo de decisão. Esse é um momento para o facilitador fazer as ligações com as teorias, análises e o fenômeno do mundo real, a fim de garantir que eles entendam que a realidade é diferente do modelo e que isso não é um problema, contanto que entendam essa limitação. Porém, o modelo irá ajudá-los a obter uma melhor visão do mundo. As distorções de entendimento devem ser esclarecidas nesse momento.

Todos os jogos deste livro têm uma série de perguntas que podem ser usadas no *debriefing*. Essas são as diretrizes gerais, e não uma sequência estrita.

Em jogos de *edutainment* e análise, algumas das perguntas mais frequentes são as seguintes:

- O que os participantes pensaram durante o jogo?
- Por que eles tomaram suas decisões?
- Este foi um bom processo de tomada de decisão?
- Como é que eles viam a concorrência?
- Que tipo de estratégia acharam viável?
- Como a concorrência reagiu a essas estratégias?
- Como podemos modelar essa cadeia de eventos?
- Quais simplificações o modelo tem?
- Como poderíamos aperfeiçoar o modelo?
- Que outros produtos ou mercados podem ser modelados da mesma forma?

Em jogos de análise, muitas questões do tipo "e se" devem aparecer naturalmente no *debriefing*. Essas questões geralmente estão vinculadas às estratégias e reações que podem ser modeladas, em geral, pela teoria dos jogos e pela teoria da decisão.

Tanto em jogos de análise quanto *edutainment*, após o *debriefing*, em geral, será possível modelar algumas situações nos jogos mais comuns da teoria dos jogos e em árvores de decisão da teoria da decisão. Essa é uma boa maneira de mostrar aos participantes como eles podem simplificar ainda mais o jogo e fazer uma boa ponte entre as teorias, o modelo e o mundo real.

Se você não estiver familiarizado com a teoria dos jogos ou da decisão, sugiro que leia os apêndices em que apresento essas teorias de uma forma fácil. A maioria dos livros são muito complexos em termos de matemática e não fazem a ponte para o mundo dos negócios. Por isso, preferi introduzir estes capítulos, a fim de garantir que você e seus alunos tenham um bom material de referência, começando com essas teorias.

Em muitos cursos, você será obrigado a atribuir notas aos participantes. Sempre tento evitar a atribuição de notas para os resultados, mas alguns clientes pedem e, por isso, você deve classificá-los de alguma forma. Nesse caso, deve explicitar como está dando as notas ou permitir que deem notas a si mesmos ou uns aos outros durante o interrogatório. Minha preferência é que os participantes tenham uma chance mínima de serem reprovados em um módulo ou disciplina de jogo de negócios, porque isso lhes trará adrenalina em excesso e estragará o *edutainment*.

Entretanto, sempre me certifico de que nem todos receberão a nota máxima, o que reproduz a realidade, visto que nem toda empresa pode ser a número um em seu mercado, já que o mundo real é competitivo. Minha sugestão é a de classificá-los a partir da nota máxima até o grau mínimo de aprovação de acordo com seu desempenho no jogo. A não ser que tenha muita sorte envolvida, caso em que a nota será apenas através da participação para evitar distorções causadas pela sorte.

E O JOGO CONTINUA...

Até agora, eu disse muito sobre jogos de empresas, e o leitor deve achar que entendeu tudo. No entanto, a menos que você já tenha jogado qualquer jogo de negócios, esse ainda não é o caso. O método não é sobre a leitura, é sobre o jogo!

A leitura e a teoria são muito diferentes da experiência em si. Esses jogos contêm percepções e *edutainments* que só podem ser capturados durante o jogo, e não, pela leitura. Na verdade, o objetivo é que esse seja um processo contínuo, em que você jogue e se interrogue, jogue novamente e se questione mais uma vez, e assim por diante. Os jogos são uma ferramenta, e não o fim em si mesmos.

Minha sugestão é que o leitor vá agora ao Apêndice A e leia o primeiro jogo descrito lá, o jogo Mercados Emergentes, e jogue com alguns amigos ou colegas de trabalho. Isso é importante para entender como os jogos de negócios funcionam na prática.

COMO PROJETAR JOGOS E SIMULAÇÕES DE EMPRESAS

Este capítulo é para aqueles que querem criar seus próprios jogos.

Idealmente, você já jogou alguns jogos de negócios, que podem ser incluídos neste livro, ou não. Este capítulo não é sobre programação de computadores ou design gráfico, mas sim sobre o projeto do modelo de jogo.

Se você jogou algum jogo, já deve estar se perguntando como modelar um determinado mercado ou situação. Este capítulo lhe dará algumas respostas, mas não todas.

Antes de avançar, é importante reafirmar que estamos falando de modelos, ou seja, formas de simular uma parte do mundo real. Nenhum modelo é perfeito e todos têm vantagens e desvantagens. Nunca tente criar o "modelo perfeito", porque isso não existe. Concentre-se em simular o que é relevante e simplificar o restante.

O processo mostrado aqui está longe de ser perfeito e não é único, mas é um guia útil para aqueles que nunca tentaram criar um jogo antes. Quando você tiver uma ideia do que quer simular, retorne para este capítulo e siga os passos. Com isso, você terá uma visão mais clara de como realizar seu projeto de jogo.

DEFININDO O PROPÓSITO DO JOGO

A primeira coisa que deve ficar clara é o propósito do jogo. É um jogo de *edutainment*, análise ou recrutamento? Quais são os pontos que você quer focar ou pesquisar? Esses são os principais pontos em seu jogo. Tudo mais é dispensável.

QUESTÃO	ALGUMAS RESPOSTAS POSSÍVEIS
Qual é o propósito?	Edutainment, análise e recrutamento
Quais são os pontos focais?	Decisão, finanças, RH, estratégia, marketing, operações e política
Qual é o principal aprendizado?	Risco e retorno, formas de crescimento, hedging, inovação, construção de marcas e gestão de pessoas
Qual é a história que estamos contando?	Uma companhia tentando sobreviver, crescer e atingir monopólio

TABELA 5 – QUESTÕES BÁSICAS E POSSÍVEIS RESPOSTAS

O jogo pode ter um único objetivo. Ele não pode ser *edutainment* e análise ao mesmo tempo, por exemplo. Se você misturar esses propósitos, terá um jogo ineficaz. No entanto, o jogo pode conter mais de um ponto focal. A decisão é, naturalmente, um ponto focal. Outros pontos focais comuns são marketing e estratégia. Tente não ter mais do que quatro pontos focais, ou isso tornará o jogo muito complexo ou sem qualquer objetivo, por tentar focar em muitas coisas ao mesmo tempo.

Além disso, o jogo deve ter um aprendizado principal, que é o principal objetivo educacional ou pedagógico. Isso normalmente é ligado ao propósito de ensino em uma matéria, tópico ou programa. Pense em qual é a teoria, modelo ou conceito que você quer que os alunos aprendam pela experiência. Pode ser praticamente qualquer coisa. Eu ainda não encontrei um objetivo pedagógico que não possa ser transformado em um jogo de algum tipo.

Finalmente, um jogo é uma forma de contar histórias. Por isso, você deve perguntar a si mesmo qual é a história que você está contando e qual é o drama que você está colocando o jogador para viver. Isso ajudará a vê-lo como uma *dramatis personae*, ou um ator, e a criar um papel mais vivo para ele.

Os jogos apresentados neste livro são todos da finalidade *edutainment*, com os pontos focais sendo decisão, finanças, estratégia e marketing. No entanto, ao jogá-los, notará que esse é apenas o início, pois eles são muito diferentes uns dos outros.

Você só deve proceder quando tiver respondido as quatro perguntas acima. Lembre-se que você está contando uma história em um método de jogo, e que toda história tem um aprendizado. A história é contada com a finalidade de gerar um aprendizado e impressionar os que estão prestando atenção nela.

ESCOLHENDO O FORMATO DO JOGO

O próximo passo é ser realista sobre os recursos que você terá para projetar, desenvolver e aplicar no jogo. Esse é um fator determinante na escolha do formato do jogo. A Tabela 6 mostra os recursos necessários para cada formato.

FORMATO	RECURSOS
Papel e caneta	Quadro branco, papel, lápis e computador com projetor (opcional)
Tabuleiro	Mesa, papel, lápis e quadro branco (opcional)
Computador	Computador, programadores, software e acesso à internet (opcional)
Livro-jogo	Livro
Dramatização	Sala de aula ou de reunião

Tabela 6 – Recursos Necessários para Cada Formato

Torna-se muito claro que as opções mais fáceis de implementar em uma sala de aula são livro-jogo, dramatização e papel e caneta. Se houver a possibilidade de uma sala de reuniões, podemos escolher o jogo de tabuleiro. O mais complexo de desenvolver é um jogo de computador, pois são necessários não apenas recursos físicos, mas também pessoas para projetar e programar o software.

Alguns formatos de jogo são mais adequados do que outros, dependendo do foco escolhido. Modelos com muitos cálculos, como jogos financeiros, sugerem o uso de computadores, a menos que o modelo seja simplificado. Por sua vez, jogos com mais fatores intangíveis, como recursos humanos, são mais fáceis de implementar em um livro de jogo. Não há regras aqui, apenas tendências. A Tabela 7 apresenta algumas sugestões.

FOCO	FORMATO
Estratégia	Papel e caneta, tabuleiro e livro-jogo
Finanças	Computador ou papel e caneta (com planilhas)
Marketing	Papel e caneta, tabuleiro e computador
Recursos Humanos	Livro-jogo e dramatização
Operações	Computador, papel e caneta (com planilhas)

TABELA 7 – FORMATOS SUGERIDOS DEPENDENDO DO FOCO

Você deve considerar cuidadosamente quais recursos terá à sua disposição e, consequentemente, os custos envolvidos para projetar e aplicar o jogo. Como orientação geral, os jogos mais simples são mais fáceis de usar em sala de aula, de modo que, quanto mais simples, melhor. Se você está tentando criar um jogo pela primeira vez, a minha sugestão é um livro-jogo ou um jogo de papel e caneta. Só depois de ter algum projeto próprio terminado é que você deve se aventurar em jogos de tabuleiro e de dramatização. Os jogos de computador são a última escolha, devido aos custos e tempo necessários.

DEFININDO O PÚBLICO-ALVO

O próximo passo é definir o público-alvo. Isso provavelmente é fácil de determinar, uma vez que você já deve ter pensado sobre isso de antemão. No entanto, ter um público claramente definido é a chave para o projeto em si, para não acabar com um jogo muito simples ou muito complexo.

Lembre-se que, quanto mais amplo o público-alvo, mais fácil tem que ser o jogo e mais simples o modelo. Se você estiver pensando em vendê-lo depois, isso é mais rentável. Os maiores sucessos no mercado de games são jogos simples. No entanto, não se engane, a concepção de um jogo simples, mas interessante, é muito difícil.

Quanto mais específico o público, mais sofisticado e detalhado deve ser o modelo, uma vez que o público não é um novato no assunto e será mais crítico. Isso é difícil de fazer bem.

O público mais comum são gerentes de nível júnior para nível médio e alunos de MBA. Estudantes de graduação são raros como público-alvo. Executivos de alto nível e diretores raramente têm tempo para a aplicação de jogos, a menos que sejam jogos de análise, obrigatórios no âmbito do ciclo de planejamento estratégico.

O público também pode estar vinculado a uma atividade específica dentro de uma empresa, como profissionais da área financeira, orçamento, marketing, recursos humanos ou logística. Em geral, isso surgirá a partir de uma demanda específica de um cliente para modelar um tipo de evento, e esses jogos terão várias especificidades e serão personalizados, de maneira que provavelmente não poderão ser usados por outros clientes.

MODELANDO A SITUAÇÃO

Esse é o núcleo do projeto propriamente dito. A palavra modelagem tem vários significados, mas, no nosso contexto, trata da criação de um modelo para seu jogo. Lembre-se que um jogo não é necessariamente melhor quando se torna mais complexo; como regra, quanto mais simples, melhor. Essa é uma regra conhecida como o princípio da parcimônia. A coisa mais importante sobre um jogo é que ele deve ser jogável com os recursos e tempo disponíveis e para atingir o objetivo principal.

Se esse for o seu primeiro projeto, a minha sugestão é criar um modelo simples, muito simples, e testá-lo. Só depois disso você deve tentar projetos mais complexos e, ainda assim, de forma incremental. Você notará um ponto em que o projeto se torna muito complexo e passa a não funcionar mais. Na realidade, é muito mais fácil projetar um jogo complexo, o difícil é fazer um jogo simples, mas eficaz.

Não é muito fácil criar um modelo, de modo que a minha sugestão é que o leitor jogue alguns jogos deste livro e das várias referências citadas no Capítulo 3, mas também leia os apêndices sobre a teoria dos jogos e a teoria da decisão, a fim de ter uma boa visão das ferramentas disponíveis e dos modelos existentes. Só então você deve tentar fazer o seu projeto usando os componentes e ideias das várias fontes.

Experimente para ver como os diferentes autores lidam com o mesmo problema e como simplificam questões complexas em modelos fáceis. Não tente reinventar a roda. Já existem diversas soluções boas para muitos dos problemas que você enfrentará.

Para facilitar o seu trabalho, incluí vários jogos nos apêndices deste livro. Acho que é mais fácil você jogá-los e pensar em seus modelos e suas limitações do que tentar escrever uma centena de páginas sobre modelos e sua utilização. Muitos livros que falam sobre jogos, não incluem exemplos, e o leitor que nunca jogou, terminará o livro sem ter a menor ideia do que está sendo dito.

Os modelos incluídos neste livro não são os únicos possíveis e não são necessariamente os melhores. No entanto, eles são eficazes para as salas de aula, para onde foram concebidos. Preste atenção como eu simplifiquei muitos assuntos só para trazê-los para o *de-*

briefing e criar uma visão clara do problema para o aluno. Seu modelo não precisa ser perfeito, pois nenhum é. Use a imperfeição a seu favor para criar um desequilíbrio que permitirá que os jogadores percebam a distorção e, com isso, enriquecerá o debate do *debriefing*.

Ao criar seus modelos, você deve pensar sobre as seguintes questões:

- Que tipo de decisão tem que ser feita?
- Qual decisão é a correta e por quê?
- Como as empresas ganham dinheiro?
- Como as empresas gastam seu dinheiro?
- Como os compradores selecionam seus produtos?
- Será que esse mercado cresce, ou é estável em tamanho?
- Será que esse modelo corresponde à realidade?
- Quanta sorte/risco está envolvido nesse negócio?

Uma boa maneira de começar é pensar sobre os objetos envolvidos e como eles geram dinheiro. Pense nisso sem a concorrência. Por exemplo, uma fábrica pode ser comprada por um valor X e deve gerar X em poucos anos. Isso dará a rentabilidade desse setor sem concorrência. Faça alguns testes sobre como esse modelo gerará o crescimento e depois pense sobre a competição.

A questão fundamental é como os compradores decidirão entre dois produtos. Essa é uma discussão central no marketing e não possui uma resposta definitiva, uma vez que varia com o tempo, cultura, produto, economia e tecnologia. Portanto, você terá que decidir em seu modelo como isso é feito.

A maneira mais simples é descrever o mercado como tendo uma preferência por preços baixos ou alta qualidade. Esse é o modelo mais simples, porque você terá que controlar apenas um índice durante o jogo. No entanto, o modelo mais sofisticado envolve vários atributos, ou o produto e a marca com diferentes pesos. Esse é o chamado modelo gravitacional em marketing e envolve o cálculo de distâncias em Rn, bem como fatores de atração. Portanto, esse modelo praticamente só se aplica se você estiver executando um jogo de computador. Caso contrário, você terá que simplificá-lo.

Finalmente, você terá que pensar sobre os riscos e a instabilidade dos mercados. Tente imitar a realidade criando fatores não controlados que realmente existam no mercado. Experimente usar eventos aleatórios ou semialeatórios, como cartas e dados. A menos que um cliente exija de uma outra forma, o uso de fatores de risco é fundamental para o jogo. Caso contrário, ele não é uma boa simulação da realidade. No entanto, muitos clientes pensam que ter dados em um treinamento não é desejável, de forma que você terá de embutir esse fator em cartas ou no próprio modelo. Se o cliente insistir em remover os riscos, apenas o avise que o modelo não será realista.

Existem várias maneiras de classificar e descrever modelos, mas, em termos de jogo, é mais interessante discutir algumas dicotomias relevantes: modelos probabilísticos x modelos deterministas, modelagem por processo x modelagem por efeito, decisões simultâneas x decisões em sequência, precisão x custo, tendência ao monopólio x tendência ao oligopólio, modelo explícito x modelo oculto e modelo simétrico x modelo assimétrico. Analisamos a seguir cada uma delas.

Modelo probabilístico x Modelo determinístico

A questão central nessa dicotomia é saber se podemos prever o futuro e o mercado, ou não. Isso dependerá do próprio mercado e do desejo do projetista de torná-lo previsível, ou não. A maioria dos jogos tem modelos probabilísticos tentando incorporar na forma de probabilidades os fatores que não podem ser controlados pelos gestores. Por exemplo, a maioria dos modelos financeiros tem probabilidades, já que o risco é uma parte intrínseca da atividade financeira.

No entanto, essa não é a única solução possível, e alguns jogos têm um modelo determinístico. Neles, não existe nenhum risco ou sorte. Modelos de logística e operações tendem a ser desse tipo. Os modelos de marketing tendem a ser neste mesmo modelo, já que o comportamento de compra para grandes quantidades de consumidores é previsível. Apesar de não ser possível determinar o comportamento de um único indivíduo. Isso se dá por conta da lei dos grandes números.

Modelagem por processo x Modelagem por efeito

A modelagem mais comum é por processo, na qual você modela cada parte de um processo de negócio para criar o processo todo. Isso funciona melhor quando você está lidando com dados quantificáveis, modelos bem estruturados e processos, como em logística e produção. No entanto, quando se trata de ativos intangíveis e fatores incontroláveis, esse método não funciona muito bem.

A solução é modelar por efeito, caso no qual os modelos criados usam aproximações, ou *proxies*, para simular os eventos. Esse é o caso quando você está lidando com a confiança do consumidor, a liderança, o clima organizacional, a moral, a fidelidade à marca, entre outros intangíveis. Esses fatores não são quantificáveis e não podem ser modelados por processo. Você deve criar um modelo que simule seus efeitos.

É claro que esses fatores não são bem modelados nem mesmo na literatura acadêmica. Assim, o seu modelo não tem que seguir nenhum dogma acadêmico em particular. Você pode encontrar um modelo que goste e que funcione, desde que ele não tenha uma grande contradição. Sempre tente criar limites para as *proxies*, para que elas se tornem controláveis. Evite incluir o zero nos valores possíveis, de modo que você possa evitar uma divisão ou uma multiplicação por zero, o que pode causar problemas em qualquer modelo. Também prefira números inteiros, para tornar o modelo mais fácil de compreender. O velho e confiável intervalo de 1 a 100 é a recomendação padrão.

Vários fatores também podem ser combinados para simplificar o modelo e criar um único indicador, como desempenho operacional, que combina fatores de recursos humanos, tais como nível de treinamento, moral, clima organizacional e outros. Isso é particularmente útil para eliminar variáveis e objetos que não são centrais para o seu modelo.

Decisões simultâneas x Decisões em sequência

Na teoria dos jogos, assim como nos jogos, as decisões podem ser modeladas como sendo tomadas simultaneamente, gerando assim as matrizes de recompensa da teoria dos jogos, ou por decisões em sequência, na qual um jogador decide depois de ver o que o outro fez e, portanto, gerando as árvores de decisão. Em jogos, esses modelos geralmente são referidos como WEGO (simultâneo) ou IGoYouGo (sequenciado).

O tipo mais comum de modelo em jogos de tabuleiro e jogos de cartas é o modelo sequencial no qual o tempo é medido em turnos. Em jogos de papel e caneta e em jogos de computador, o modelo simultâneo é mais comum, pois ele cria uma certa "névoa da guerra", ou um jogo de informação incompleta, como a teoria dos jogos descreve.

Não existe uma regra aqui, apenas tendências. Eu considero decisões simultâneas melhores para a educação, porque há pouco tempo de espera, ou seja, os jogadores não ficam na aula sem fazer nada enquanto esperam os outros decidirem. Além disso, torna-se claro para a maioria que tomar decisões é mais difícil do que o esperado, especialmente porque eles não são treinados para decidir sem que todos os dados estejam disponíveis.

De qualquer forma, você deve estabelecer um prazo para as decisões e, em muitos casos, você precisará ajudar alguns grupos a sair da paralisia da análise, em especial nas primeiras rodadas, quando eles ainda não estão familiarizados com o modelo. Sempre dê um incentivo para tomar alguma decisão, em vez de tentar entender tudo. Lembre aos jogadores que esse é um jogo, e não a realidade.

Precisão x Custo

Um aspecto importante dos modelos é sua precisão. A tendência natural para um projetista é tentar criar um modelo com um erro mínimo possível, mas que, geralmente, é uma armadilha de projeto que torna o jogo cada vez mais complexo e, em última análise, impossível de jogar.

Depois de um certo nível de complexidade, o uso de computadores será obrigatório, elevando o custo de forma exponencial. E, mesmo assim, o jogo não será perfeito. Só o custo subirá depois de algum ponto. A Figura 4 mostra essa relação.

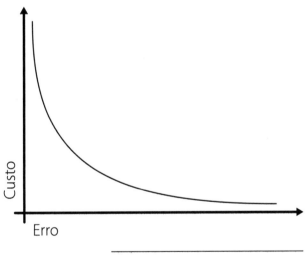

Figura 4: A relação entre erro e custo

Isso se deve, principalmente, a três fatos: fatores incontroláveis, causalidade mutável e erros de medição.

Os fatores incontroláveis estão relacionados ao fato de que a realidade tem vários fatores incontroláveis e imprevisíveis, como o clima e o crescimento econômico. Não importa o quão detalhado o seu modelo seja, esses fatores não podem ser previstos ou controlados, de forma que eles agem como um fator aleatório em qualquer modelo.

A causalidade mutável é um fator estranho, mas comum em ciências sociais, pois as relações causais não são fixas e evoluem na medida em que os atores reagem à realidade. Lembre-se da "falácia *Schlieffen*", em que a introdução de metralhadoras durante o período anterior à Primeira Guerra Mundial mudou a causalidade, tornando o *Kriegspiel* um modelo falacioso. O mesmo acontece em qualquer modelo das ciências sociais, pois a causalidade está sempre mudando. Pode ser devido a novas tecnologias, políticas, relações sociais ou condições econômicas, mas o que era um bom modelo da realidade de hoje, não será necessariamente um bom modelo no futuro.

O erro de medição é um problema da realidade. Nós, simplesmente, não podemos determinar qual é o estado do universo em determinado momento, devido à sua enorme complexidade. No século XIX, os cientistas sonhavam com um dia em que o "estado atual" seria conhecido completamente. No início do século XX, o princípio de *Heisenberg* provou que isso não era possível. Nas ciências sociais, não estamos medindo átomos, mas ainda assim não podemos descrever em um momento o estado real de muitas coisas, como a quantidade de dinheiro em contas ou o estoque de produtos em todas as empresas de um setor (incluindo os atacadistas e varejistas). Assim sendo, há sempre um certo erro nas nossas medidas que não pode ser eliminado.

Tendência ao monopólio x Tendência ao oligopólio

Essa é uma questão particular dos jogos de negócios, e não necessariamente de outros jogos. Alguns jogos têm uma tendência natural para gerar um único jogador no longo prazo. Isso acontece porque não surge nenhuma nova empresa durante o jogo, ao contrário da realidade. Além disso, há economias substanciais de escala para que um grande jogador se torne ainda maior, até que ele se torne o único jogador. Nem todos os jogos têm esse recurso. Se não houver uma economia substancial de escala, é improvável que isso aconteça.

Você deve, em primeiro lugar, pensar se essa é uma característica desejável no jogo ou não. É mais fácil projetar um jogo que tenha tendência ao monopólio. Tudo o que é necessário é que o ativo ou objeto principal do jogo tenha uma economia de escala. Você verá essa característica na maioria dos jogos incluídos neste livro. Se essa característica for indesejável, tudo o que você tem a fazer é não permitir que tal ativo ou objeto gere economia de escala, ou limite o tempo de jogo a um ponto em que o monopólio não seja alcançado.

Isso pode ser particularmente importante para evitar que alguns jogadores se tornem insolventes durante a partida, reduzindo assim o tempo de jogo para alguns alunos e criando um problema operacional na aula.

Modelo explícito x Modelo oculto

Outra decisão importante é se você irá expor ou não o modelo aos alunos. Um modelo explícito é mais fácil de ser entendido, e pode-se aprender mais rápido a partir dele. Ele também pode ser mais facilmente criticado e podem ser sugeridas melhorias de modo que você coloque seus alunos para pensar.

Um modelo oculto tem a vantagem de não ser exposto aos alunos e, assim, suas falhas e fraquezas são escondidas. No entanto, há sempre a possibilidade de que um aluno faça a engenharia reversa de seu modelo e exponha suas falhas. Além disso, um modelo oculto não é necessariamente um modelo melhor.

Eu normalmente prefiro modelos explícitos, com falhas explícitas, para que os alunos sejam capazes de aprender com eles, mas, na verdade, essa é uma escolha do projetista e dependerá dos propósitos do projeto.

Modelo simétrico x Modelo assimétrico

Você pode criar um jogo que seja simétrico ou assimétrico para os jogadores. Isso dependerá do objetivo da partida e de seus pontos focais, bem como os objetivos pedagógicos.

Um jogo simétrico é bom quando você quer dar a todos os jogadores a mesma chance e as mesmas possibilidades, mas isto é irreal. O mercado nunca é simétrico. No entanto, um jogo assimétrico, apesar de realista, fará alguns alunos reclamarem de serem deixados com uma situação pior e permitirá que culpem essa assimetria por seus maus resultados. Pessoalmente, prefiro jogos simétricos ou quase simétricos para o treinamento.

Jogo x Simulação

Uma decisão muito importante é se o modelo será um jogo ou uma simulação. Um jogo tem, pelo menos, dois lados e um final bem definido em função de um objetivo ou do tempo decorrido.

Uma simulação só tem um jogador, ou participante, e pode não ter um final bem definido dependendo de quanto tempo este jogador deseja levar a simulação adiante. Não existe uma que seja melhor do que o outro, depende muito do objetivo do modelo e muitas vezes da maturidade do modelo. É comum começar com uma simulação para refinar o desenvolvimento do modelo e depois transformá-lo num jogo.

RECURSOS DE JOGO

Existem alguns recursos que farão o jogo se tornar mais interessante e atraente e que ajudarão a criar o modelo sem que os jogadores precisem ir mais fundo nos modelos matemáticos. A seguir, discutiremos alguns deles: dados, cartas, tabelas, marcadores, dinheiro do jogo e planilhas.

Dados

Dados servem para gerar números aleatórios inteiros e podem ser de diversas formas, com duas, quatro, seis, oito, dez, doze, vinte e trinta faces. O mais comum é o de seis lados, mas o mais antigo é o dos sumérios. Com quatro lados e dois pontos marcados nos vértices para criar, na prática, um dado que pode sair com dois resultados possíveis. O dado egípcio, que também é muito antigo, consiste de um meio cilindro. Contemporaneamente, existem vários dados poliédricos de plástico que são facilmente encontrados em lojas de jogos. Combinando esses dados, vários métodos de geração de números aleatórios podem ser criados sem o uso de computadores, dando aos participantes a sensação de que eles estão jogando e afirmando claramente que há um fator aleatório interferindo em suas decisões.

Dados geram um certo fascínio em humanos e existe uma compulsão para rolá-los, mesmo sem propósito. É até possível que os jogos tenham aparecido para dar um significado aos dados. No entanto, em jogos sérios, que tentam representar algo, eles devem ser usados para representar os fatores incontroláveis, que estão além do controle do tomador de decisão.

Os dados normalmente são usados para os resultados da P&D, os valores de mercado de ações, a reação do consumidor, as decisões do governo, as crises políticas, a competência de subordinados e a simulação do clima. Com exceção do clima, nenhum desses fatores é verdadeiramente incontrolável. Porém, do ponto de vista do tomador de decisão, são quase incontroláveis, de modo que um rolar de dados pode simulá-los.

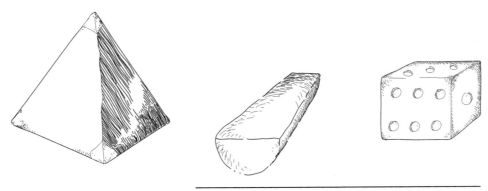

FIGURA 5: FORMATOS DOS DADOS: SUMÉRIO, EGÍPCIO E EUROPEU

Quanto mais dados são usados, menos aleatório é o número gerado, pois a distribuição probabilística se torna mais e mais parecida com uma distribuição normal, devido à lei dos grandes números. No entanto, lembre-se também que muitos fatores aleatórios aumentarão a variância e criarão um jogo que parece incontrolável. Isso pode ou não ser o seu desejo ao projetar o jogo.

O mais importante é avaliar como o fenômeno real se comporta antes de tentar imitá-lo em termos dos dados. Lembre-se também que, nos computadores, os números aleatórios podem ser gerados para além dos números inteiros.

Cartas

As cartas surgiram na China durante a dinastia Tang, no século IX, e chegaram à Europa no final da Idade Média, durante o século XIV. Existem baralhos de muitos tipos, como espanhol, japonês (MahJong), Tarot, ocidental, além de outros. Normalmente, eles são divididos em naipes e cartas especiais. O mesmo baralho pode ser usado de muitas maneiras.

Nos jogos em que você está tentando simular um mercado ou uma empresa, as cartas são boas para representar eventos que não se repetem. Nesse caso, o baralho é composto basicamente de cartas especiais distribuídas sob a forma de eventos que vão acontecer, mas não ocorrem novamente. Isso os torna diferentes dos dados, pois nestes, os eventos podem se repetir. Exemplos disso são os eventos históricos, como guerras, acordos políticos, avanços tecnológicos e crises. Nos jogos contidos neste livro, você verá alguns exemplos de como utilizar esse recurso.

Além disso, as cartas são boas porque a nossa cultura tende a imaginar a capacidade de "ver o futuro" nas cartas. Dessa maneira, quando os eventos futuros do jogo estão nas cartas, há uma sensação de que elas realmente podem prever o futuro. Nesse caso, estamos lidando com o imaginário dos jogadores, a fim de criar uma sensação de "faz de conta".

Quando o projetista determina os tipos de cartas do baralho e sua frequência, o jogo já não é completamente probabilístico e torna-se uma mistura de probabilístico e determinístico, uma vez que a ordem dos eventos não é conhecida, mas sua ocorrência é certa. Isso é particularmente bom para a simulação de crescimento do mercado, ciclos de negócios e ciclos tecnológicos.

Tabelas

As tabelas são boas para transformar um número aleatório gerado a partir de um dado, ou dados, em um evento com um padrão probabilístico mais controlado. A tabela converte os resultados dos dados em um outro resultado e, na prática, quase toda a distribuição probabilística pode ser modelada sem muito cálculo para os jogadores. Na prática, é um algoritmo rápido ou um ábaco sofisticado que acelera o jogo.

Tenha cuidado ao usar tabelas, pois as pessoas costumam associá-las com coisas complexas. Apesar do fato de que, em geral, ocorre exatamente o oposto, visto que a tabela simplifica os cálculos. Muitas tabelas em um jogo darão a percepção de que ele é muito complexo. Sempre tente reduzir as tabelas e os eventos para o mínimo, de preferência combinando-os em um lançamento de dados. Isso geralmente introduz alguma imperfeição, mas lembre-se que você usará um modelo de efeito em vez de processo.

Marcadores

Marcadores nem sempre são necessários, mas podem dar um toque agradável para um jogo, em especial jogos de tabuleiro e jogos de guerra. Na verdade, jogos de tabuleiro têm marcadores muito bonitos atualmente, os quais são parte da diversão e da atratividade. No entanto, o custo para criar muitos marcadores pode fazer o preço de um jogo aumentar muito, especialmente se você estiver vendendo muitas cópias do jogo.

Os marcadores podem ser utilizados para representar ativos, como torres de petróleo, fábricas, armazéns de produção, navios, construções, entre outros. Eles também podem ser usados para representar um domínio de mercado ou território. Existem marcadores magnéticos à venda comercialmente para serem usados em paredes que tornam a visualização mais fácil. Os participantes geralmente os adoram, uma vez que lhes dão uma visão mais concreta do jogo e de seus bens.

Quando há marcadores em número limitado, isso pode ser um problema ou um componente do projeto de jogo, com a finalidade de limitar o crescimento e as economias de escala. Ainda, pode imitar a curva de rendimentos decrescentes, curvas em

"U" de economias de escala (ou deseconomias de escala), e reduzir a tendência para o monopólio. Existem, no entanto, outras formas para simular esses efeitos sem marcadores, mas eles podem ser mais complexos, provavelmente necessitando de algum tipo de tabela que reflita um cálculo de fórmulas.

Números geralmente substituem os marcadores nos jogos de papel e caneta. Essa é uma forma mais barata e fácil de criar o jogo, mas alguns jogadores reclamam da perda da sensação tátil que eles trazem.

Dinheiro do jogo

Dinheiro de brinquedo, ou dinheiro do jogo, é um recurso popular. É claro que ele é, em geral, desnecessário, mas acrescenta um toque agradável para alguns jogos. Ele facilita a visualização e a sensação de ter o dinheiro em suas próprias mãos. Eu não uso muito esse recurso em sala de aula, preferindo usar planilhas com números.

Planilhas

Esse é um recurso muito útil para sala de aula. Eu o utilizo em quase todos os jogos de papel e caneta, porque é simples de usar tanto em papel quanto em uma planilha de computador. Com a facilidade de hoje do uso de laptops e projetores, quase todas as planilhas podem ser programadas sem muita dificuldade. Se você tiver tempo, pode até mesmo fazer um programa de computador para elas.

Outra vantagem das planilhas é que elas se assemelham a relatórios reais e a tabelas que dão a sensação de que o aluno está lidando com algo real. Elas também podem treiná-los na capacidade de "ler os números". Isto é, a capacidade de traduzir uma planilha complexa em uma visão do mercado, algo que bons gerentes devem ser capazes de fazer. Ao ver a planilha se alterar durante o jogo, os alunos aprendem a olhar para o que é importante e o que não é.

A planilha deve se assemelhar a uma janela principal de um SIG (Sistema de Informações Gerenciais) com inteligência competitiva, ou seja, todos os dados críticos de sua empresa e da concorrência devem ser visíveis nela. Lembre-se que, como em um SIG estratégico, ter mais informações não é necessariamente melhor. A planilha deve ter as informações essenciais, e não informações complexas.

O FATOR SORTE

Qualquer negócio envolve uma certa dose de risco, podemos controlar vários fatores, mas não todos eles. Algumas variáveis estão fora do nosso alcance. É exatamente para reduzir o impacto de tais fatores que planejamos.

Ao criar um modelo, você deve pensar em que momentos a sorte tem que estar presente. Evite usar muitos fatores aleatórios, ou o fator sorte dará uma sensação de um mundo incontrolável, o que não é bom para os jogadores. Da mesma forma, ter pouquíssimos fatores de sorte pode dar a sensação irreal de um mundo previsível e controlável.

Além disso, dependendo da quantidade de fatores incontroláveis, a estratégia de uma empresa deverá ser diferente. Com muita sorte, significa que é preciso diversificar os investimentos, enquanto que, com pouca sorte, você provavelmente se concentrará e fará algumas decisões irreais.

Todos os jogos deste livro, tanto quanto me lembro, têm alguma dose de sorte, seja ela explícita ou implícita. Até mesmo, jogos como o xadrez têm alguma sorte intrínseca não explícita. Isso ocorre pois, nem todas as combinações de jogadas podem ser memorizadas, de maneira que existe o fator sorte de seu oponente saber mais.

Sempre tente imitar a realidade em seus jogos.

A sorte favorecerá os bons planejadores, que sabem como reduzir os riscos sem comprometer muito a liberdade de escolha. A sorte também favorece os jogadores que sabem se adaptar a novas situações e criar planos novos rapidamente. A principal forma de controlar a sorte e o risco é o planejamento, e isso separará os bons planejadores dos maus.

TESTANDO O JOGO

Quase nenhum jogo funciona perfeitamente em sua primeira versão, então você precisa testá-lo para corrigir os problemas e melhorá-lo. É um pouco frustrante quando o primeiro jogo não funciona muito bem, mas você tem que superar essa frustração e continuar.

O teste deve ser realizado em um ambiente controlado, com um número mínimo de jogadores. Não participe do jogo, apenas ensine-os a jogar e veja o que acontece.

Preste muita atenção às dúvidas e às regras, porque você precisará esclarecê-las. Além disso, note quando algum jogador está tentando distorcer as regras a seu favor, ou fazendo escolhas de estratégias irreais. Esse é um laboratório para você entender os problemas e ver os pontos fortes e fracos do seu jogo.

Os problemas mais comuns serão analisados a seguir.

O JOGO ESTAVA MUITO LENTO

O modelo provavelmente é muito sofisticado e complexo. Tente simplificá-lo. É comum que o projetista tente colocar muitos detalhes em seu primeiro modelo, como custos de transporte, manutenção e eficiência interna. Remova tudo isso e fique com o essencial na tomada de decisões. Só introduza outros fatores se necessário.

Lembre-se que você tem um limite de tempo para aplicar o jogo em termos de horas de aula. Além disso, os jogadores ficarão mais rápidos para jogar ao longo do jogo, então você deve levar isso em conta.

Ninguém entendeu o jogo

As regras provavelmente são muito sofisticadas e as fórmulas que você usou são muito complexas. Para reduzir a complexidade, tente usar tabelas e planilhas. Além disso, simplifique as fórmulas ou junte algumas delas. Se as pessoas não conseguem entender e jogar o seu jogo, elas não podem aprender com ele.

Novamente, há uma tendência para fazer modelos muito sofisticados em uma primeira tentativa. Lembre-se que o simples é bonito, e é mais interessante quando você começa a buscar a essência de um mercado em vez de fazer um emaranhado de dados e variáveis.

Os jogadores tinham dificuldade para tomar as decisões

Isso pode não ser um problema do seu jogo. As pessoas não estão acostumadas a tomar decisões e têm medo de cometer erros. Inicialmente, quase todos os jogadores terão um certo medo de tomar uma decisão. Eles terão medo de se expor e ir à falência. Você tem que incentivá-los e dizer que é apenas um teste, e não um jogo real.

Todo mundo quebrou

O seu modelo tem margens de lucro muito pequenas ou um risco muito grande. Nesse caso, as empresas não serão viáveis, então você precisará corrigir isso. Aumente os preços de venda e reduza os custos de operação ou investimento, ou então reduza ou elimine os riscos envolvidos. Isso também pode ser resultado de uma incompetência completa dos jogadores, mas é muito raro.

Todos queriam dinheiro emprestado

Isso é perfeitamente normal, e você pode permitir que peguem algum dinheiro emprestado. No entanto, você deve limitar a quantidade de crédito ou estabelecer uma taxa de juros elevada. Sugiro que você faça as duas coisas. Minha escolha pessoal é uma taxa de juros de 100% por rodada. Isso não é muito realista, mas fará com que tenham muito cuidado ao tomar dinheiro emprestado. Também limitará a quantidade de dinheiro emprestado para não mais do que 10% do que eles têm em dinheiro. Isso dará mais crédito para as empresas maiores, o que é realista.

Alguns jogadores queriam fundir as empresas

Isso também não é um problema. Eu normalmente permito a fusão, especialmente nos jogos que tendem ao monopólio, porque isso mostra muito bem essa tendência e imita a realidade. No entanto, geralmente não aviso que isso é possível e deixo que cheguem a essa conclusão por conta própria.

Quando houver uma fusão, faça isso de surpresa para os outros jogadores, o que imitará o choque da notícia de uma fusão no mercado. Se alguns jogadores se queixarem de que isso não é explicitamente permitido nas regras, lembre-os que, no mundo real, tudo o que não é proibido é permitido por omissão.

Se você não quiser que as empresas se fundam durante o jogo, deixe essa proibição explícita nas regras.

Alguns jogadores queriam fazer ações conjuntas (joint ventures)

Isso é um problema apenas dependendo da complexidade de implementar isso em suas planilhas e cálculos. Caso contrário, devem ser permitidas, a não ser que desestabilizem o seu modelo. Na verdade, isso representa a tendência contemporânea de competição em rede e coopetição.

Mais uma vez, você deve fazer algum mistério e revelar a decisão como uma surpresa, imitando o que ocorre no mercado. Se alguns jogadores se queixarem de que isso não é explicitamente permitido nas regras, lembre-os que, no mundo real, tudo o que não é proibido é permitido por omissão.

Se você não quiser que as empresas façam joint ventures durante o jogo, deixe essa proibição explícita nas regras.

Um jogador tentou uma "estratégia de fim de jogo"

Isso é muito comum, já que muitos jogadores tentam maximizar o dinheiro na última rodada do jogo para dizer que ganharam. A maneira mais fácil de evitar isso é trazer um exercício de avaliação do valor das empresas no debriefing. Ou seja, não pergunte quem tem mais dinheiro, mas qual é a empresa mais valiosa, ou, em termos ainda mais simples, por quanto você compraria cada uma das empresas no jogo. A grande vantagem aqui é que se define automaticamente uma condição de vitória que é segura, realista e independente do tempo de duração do jogo.

Isso também facilitará a sua explicação sobre conceitos como fluxo de caixa futuro, valor presente líquido e valorização, sendo mais simples e divertido. Os jogadores serão capazes de diferenciar claramente o caixa atual do caixa futuro.

Havia uma forma irreal de ganhar dinheiro

Esse é o problema mais grave que você tem que corrigir. Você deve limitar os mecanismos pelos quais um jogador ganha dinheiro em um jogo, de modo que este seja restrito. Se você permitir que existam muitos mecanismos para se fazer dinheiro, os jogadores acabarão por escolher a melhor opção em termos de risco e retorno. A menos que esse seja exatamente o seu propósito com o jogo, isso deve ser evitado.

CONCLUSÕES

Para terminar este livro, eu gostaria de salientar alguns pontos.

Inicialmente, eu gostaria de lembrar que, apesar da forte impressão que os jogos presentes nos apêndices, bem como outros jogos, podem causar nos leitores, eles não são a realidade. Nenhum modelo contém "a realidade", eles apenas imitam uma parte dela. A realidade no mundo dos negócios, bem como em geral, é muito complexa para ser totalmente modelada, pois está em constante mudança.

Modelos, sejam estáticos, como os que são usados para aprender, ou dinâmicos e interativos, como os jogos, são sempre uma interpretação da realidade. É o contato com vários modelos diferentes que nos faz perceber a validade de cada um para cada finalidade. Nunca se permita ser tentado a pensar que o seu modelo pode manipular a realidade.

Devo também afirmar que os jogos são uma poderosa ferramenta para compreender o mundo dos negócios por duas razões. A primeira é que eles ajudam a perceber a realidade a partir de um ponto de vista dinâmico, escapando dos modelos clássicos utilizados em salas de aula e na maioria dos livros. A segunda é que eles nos atraem e fascinam, fazendo com que aprender se torne um hábito agradável, em vez de um processo doloroso e tedioso ao qual devemos sobreviver.

O leitor deve entender que esse é apenas o começo de sua jornada através do mundo dos jogos de empresas. Jogar deve tornar-se um hábito para que a associação de prazer com o ato de aprender leve a um estado de modelagem e aprendizado constante ao olhar o mundo e a realidade como um grande jogo em si.

Os jogos têm a função de mudar essa atitude. Eles o levarão a um novo estado de espírito, no qual o mundo é um grande jogo, e a vida um permanente estado de aprendizagem. Aprender torna-se um novo estado da mente, e os jogos uma nova maneira de codificar a realidade.

Lembre-se que, em um mundo em mudança permanente, o futuro será moldado por indústrias e empresas que ainda não existem. Suas lógicas não estão escritas em nenhum lugar. Só uma mente treinada pode aprender a olhar para a realidade com a capacidade de se adaptar rápido o suficiente para sobreviver.

Nesse mundo de mudanças constantes e radicais, os jogos são a ferramenta ideal para desenvolver um estado de espírito que pode compreender a realidade em sua essência.

APÊNDICES

Estes anexos incluem vários jogos e dois textos introdutórios às teorias fundamentais para entender o mundo dos jogos.

Todos os jogos têm o propósito de edutainment e estão sob o formato de papel e caneta para uso em sala de aula. Em cada seção, você encontrará uma regra do jogo completo, bem como instruções sobre como usá-los, alguns mapas, planilhas e os principais temas para o debriefing.

Estes jogos são organizados em uma ordem crescente de dificuldade geral. Eles são novas versões dos antigos que tenho usado por muitos anos. Foram alterados para melhorá-los com anos de experiência de jogos e clarear as regras e as dúvidas. Dessa forma, eles também são novos jogos.

Se você pretende usá-los em uma sala de aula, experimente jogá-los com um grupo de amigos antes. É bom que você esteja familiarizado com o modelo e tire suas dúvidas antes de começar. Se surgirem dúvidas durante a aula, você pode perder o controle, a menos que se adapte rapidamente. Como qualquer aula, você precisa se preparar antes.

Os mapas e as cartas que estão reproduzidos em formato pequeno são exemplos em preto e branco que você pode melhorar por conta própria, ou baixar as versões completas a partir do meu website (www.geo-strategist.com — conteúdo em inglês).

Para montar o jogo, você deve seguir uma sequência de ações definidas nas regras em si. No entanto, é sempre necessário distribuir cópias das regras de antemão, de preferência uma semana antes do jogo, para que os alunos possam lê-las antes da sessão. É provável que eles ainda assim não leiam. Dessa forma, você precisará reler brevemente as normas com eles antes do jogo começar.

Se tiver tempo suficiente, você pode preparar planilhas eletrônicas para simplificar o controle durante o jogo, mas isso dependerá dos recursos que tiver disponíveis para a aula. Estes jogos foram preparados para serem aplicados sem computadores, a fim de permitir que eles sejam usados em qualquer lugar.

Nota-se que, em muitos jogos, os alunos podem gastar seu dinheiro no primeiro turno ou mesmo mais tarde e podem se tornar temporariamente negativos em dinheiro. Isso é o equivalente a tomar dinheiro emprestado. Você pode limitar seu crédito ou pedir juros. Depois de anos de experiência, prefiro limitar o crédito a 10% do dinheiro e pedir 100% de juros por turno. Em muitos jogos, eu não permito que peguem nenhum dinheiro emprestado.

Quase todos os jogos requerem o rolar de dados. Se estiver usando o jogo em casa com algumas pessoas, você pode rolá-los por si mesmo, porque isso enriquecerá o jogo. No entanto, se estiver jogando com muitas pessoas, isso pode se tornar impraticável. Nesse caso, role os dados antes em casa e traga uma folha com as informações predefinidas para a aula. Em vez de lançá-los, você apenas lerá os resultados dos dados em uma sequência predeterminada.

Também há a questão da fusão das empresas. Pessoalmente, não gosto disso, mas, em alguns jogos, essa pode ser uma boa ideia. Por isso, é você quem deve pensar em permitir que os jogadores se fundam ou não.

Finalmente, há a questão de joint ventures. Os jogadores podem querer formá-los nos jogos. Mais uma vez, isso depende de você. Em teoria, os empreendimentos conjuntos não impactam muito os jogos, mas podem ajudar alguns participantes a otimizar seus investimentos. No entanto, eles podem ser difíceis de controlar, dependendo de como você está aplicando o jogo.

O mais importante, porém, é prestar atenção ao tempo de aula e reservar algum tempo para o debriefing. Estes jogos são um meio para um fim. Esse fim é o debriefing, no qual os jogos serão comparados com a realidade e serão feitas ligações entre o modelo e o mundo real. O debriefing pode prosseguir em uma próxima aula e você pode incentivar seus alunos a jogar novamente com seus amigos, em casa.

As regras destes jogos foram feitas para serem fotocopiadas para a distribuição durante as aulas. Então não se acanhe, apenas estimule a biblioteca a comprar algumas cópias do livro para compensar, bem como os seus alunos e você mesmo.

APÊNDICE A: O JOGO DOS MERCADOS EMERGENTES

Introdução

Mercados emergentes é um jogo introdutório, com regras simplificadas, para facilitar a aprendizagem. Seu objetivo é colocar os jogadores como os presidentes (CEOs) ou os conselheiros de administração de uma empresa multinacional, que entram em um mercado emergente. O jogador dirigirá a companhia por cinco a dez anos.

Cenário

Este é o ano de 2015 no continente de Caprica. O continente está experimentando um crescimento rápido e é considerado um mercado emergente pela maioria dos analistas de negócios. Os mercados prometem ser um local de crescimento seguro nos próximos anos.

Sua empresa decidiu que é hora de entrar neste mercado e levantou capital para entrar com produtos que não têm concorrentes locais, mas que possuem concorrentes no nível global.

O continente está dividido em sete regiões distintas e cada uma tem um potencial de consumo diferente, bem como características culturais que tornam necessário ter cadeias de distribuição específicas para cada região.

Seu objetivo é estabelecer fábricas e cadeias de distribuição, fazer crescer o capital investido o mais rápido possível.

Escala do jogo

- Cada turno representa um ano fiscal.
- Cada unidade monetária ($1) é equivalente a um milhão de dólares.

- Cada unidade de produto (1 up) é equivalente a 10.000 produtos.
- Cada grupo começa com $50, ou seja, o equivalente a 50 milhões de dólares.

Montagem do jogo

1. Distribua este manual de regras com antecedência, para que os alunos possam ler e se preparar para a sessão de jogo.

2. Cole o mapa do continente em uma parede ou projete-o com um computador.

3. Divida a turma em quatro grupos, de preferência escolhidos de forma aleatória, e distribua as planilhas de jogo.

4. Desenhe ou reproduza a planilha em uma parede, quadro branco ou projeção de computador.

5. Repasse brevemente as regras e esclareça eventuais dúvidas.

6. Comece o turno 1 (ano fiscal 1).

Sequência do jogo

O jogo é dividido em turnos representando um ano fiscal. Cada turno, por sua vez, é dividido em várias fases, na seguinte sequência:

- **Fase 1** – Fase de planejamento das decisões
- **Fase 2** – Fase de revelação das decisões
- **Fase 3** – Fase de cálculo dos resultados

- **Fase 4** – Fase de fim de turno

Repita essas fases até o número especificado de turnos ou até o fim do tempo de aula. Uma aula de duas horas provavelmente durará de dois a três turnos, enquanto uma aula de quatro horas durará cerca de cinco a sete turnos. Cada fase será detalhada a seguir.

Fase 1 – Fase de planejamento das decisões

Durante essa fase, os alunos tomarão suas decisões. Eles analisarão a situação, discutirão entre si e olharão para os tamanhos de mercado, o caixa atual e a localização de suas fábricas e cadeias de distribuição, bem como as da competição.

Eles podem:

a. Instalar novas fábricas;

b. Instalar novas cadeias de distribuição;

c. Qualquer combinação de (a) e (b);

d. Não fazer nada.

A instalação de uma nova fábrica custa $20, e esta produz duas unidades de produto (up) por turno. A fábrica pode mandar essas unidades de produto (up) para qualquer cadeia de distribuição.

A instalação de uma nova cadeia de distribuição custa $10, e esta pode distribuir um número ilimitado de unidades de produto (up), mas apenas na região em que ela fica localizada.

Na maioria dos turnos, a quantidade de unidades de produto (up) enviadas a cada cadeia de distribuição não será um problema. No entanto, em um determinado ponto do jogo, a competição se tornará muito forte e será necessário que os jogadores determinem quantas unidades enviarão para cada cadeia de distribuição.

As decisões são feitas em segredo por grupo, mas, caso queiram, eles podem negociar.

O professor ajudará os grupos com as regras e as dúvidas, mas não tomará as decisões por eles. Além disso, ele garantirá que escrevam suas decisões.

Fase 2 – Fase de revelação das decisões

Nessa fase, todas as decisões tomadas durante a fase anterior são reveladas, de modo que as decisões tomadas em segredo se tornam públicas. O professor anota as resoluções no quadro branco ou nas planilhas projetadas.

Fase 3 – Fase de cálculo dos resultados

Nessa fase, o professor fará todos os cálculos na frente dos alunos, na seguinte ordem:

a. Débito dos investimentos;

b. Débito das despesas de manutenção;

c. Cálculo do *market share* em cada região;

d. Crédito do lucro das vendas.

Como foi dito anteriormente, os custos de investimentos são de $20 e $10 para as fábricas e as cadeias de distribuição, respectivamente. O custo de manutenção é de $1 para cada cadeia de fábrica ou de distribuição por turno.

O *market share* é calculado dividindo-se proporcionalmente o mercado de cada região pelo número de unidades do produto (up) enviadas para essa região, e arredondado para baixo.

O lucro das vendas é de $5 para cada unidade de produto (up) vendida.

Fase 4 – Fim da fase de turno

Uma vez feitos os cálculos, as empresas devem mostrar caixa positivo. Se não for esse o caso, devem escolher algumas de suas unidades, sejam elas fábricas ou cadeias de distribuição, e vendê-las pela metade do preço de investimento ($10 e $5, respectivamente).

Caso uma unidade não seja suficiente, devem vender outras unidades até que o caixa se torne positivo ou todos os ativos tenham sido vendidos. O professor pode, a seu critério, conceder dinheiro adicional para o grupo para evitar que vá à falência e, assim, se mantenha no jogo.

Debriefing

Sente-se com os alunos, de preferência em formato de círculo, e exponha os temas em uma conversa informal guiada, sempre tentando fazê-los falar de sua experiência durante o jogo. As seguintes perguntas e temas podem ser explorados:

- Qual é o valor de cada empresa?
- Podemos calcular o ROI de cada empresa?

- Será que esse mercado tende ao monopólio?
- O que vocês pensaram durante o jogo?
- Como foram tomadas as decisões?
- Como vocês viam a concorrência?
- Que tipo de estratégia acharam viável?
- Quais simplificações o modelo contém?
- Como o modelo poderia ser aperfeiçoado?
- Que outros produtos poderiam ser modelados da mesma forma?

O que podemos falar dos seguintes temas com base na experiência de jogo:

- Mercados emergentes;
- Globalização;
- Estudos de mercado;
- Segmentação de mercado;
- Dumping;
- Guerra fiscal;

- Localização das cadeias de distribuição e das fábricas;
- Investimento e desinvestimento?

Comentários

Este jogo foi desenvolvido como um jogo introdutório e tem várias simplificações.

Não há propaganda ou qualidade do produto, nem tecnologia ou custos de transporte e impostos. A demanda não muda com o tempo. É um modelo muito simples, mas eficiente. Pode-se representar o que vem acontecendo desde os anos 90, com a liberalização dos mercados e muitas nações emergentes. Muitos setores têm experimentado jogos semelhantes, como telecomunicações, bancos, TI e automóveis.

A localização das fábricas é irrelevante neste jogo, representando de forma exagerada o impacto da globalização. Se alguns governos oferecem alguma vantagem em termos de impostos ou outros custos, as fábricas se concentram lá. Foi isso que aconteceu antes das questões ambientais começarem a apelar para o público maior.

O jogo tem um grande potencial para ser melhorado e aperfeiçoado, e eu espero que você tente fazê-lo. Os outros jogos deste livro têm várias outras ideias que você pode incorporar para melhorar este modelo, além, é claro, das suas próprias ideias.

O mapa é baseado na África e, por isso, chamei o continente de Caprica. As várias áreas têm seus nomes baseados em reinos antigos ou colônias. Os tamanhos dos mercados são hipotéticos, mas lembram a distribuição real. Escolhi a África, pois creio que é o próximo grande mercado emergente e pode ser útil entender um pouco mais sobre ele.

No meu livro original, utilizei um mapa da América do Sul adaptado. Também é possível fazer mapas de outras regiões ou países, como o Sudeste da Ásia, a China, a Índia ou o Oriente Médio.

MAPA YORUBÁ

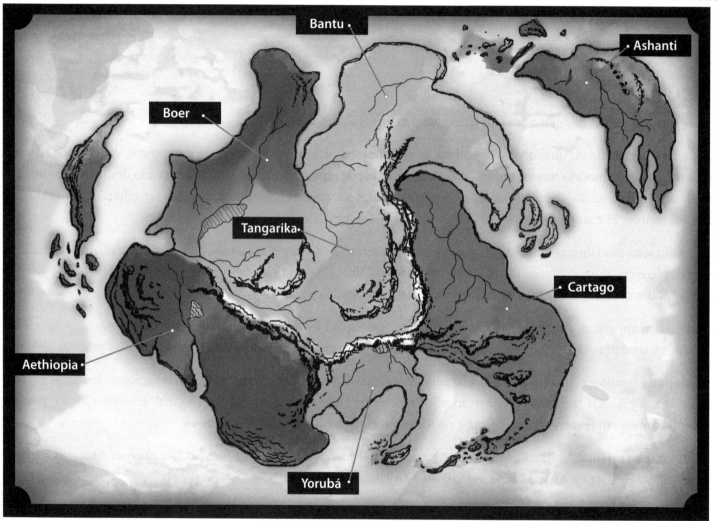

80 APÊNDICES

MERCADOS EMERGENTES

REGIÃO	MERCADO	EMPRESAS							
		WORLD REACH ENT.		SMART PRODUCTS CO.		GLOBAL TECH INTL.		AVALONIA INDUSTRIES	
		FÁBRICAS	CADEIAS DE DISTRIBUIÇÃO	FÁBRICAS	CADEIAS DE DISTRIBUIÇÃO	FÁBRICAS	CADEIAS DE DISTRIBUIÇÃO	FÁBRICAS	CADEIAS DE DISTRIBUIÇÃO
Aethiopia	2								
Ashanti	2								
Bantu	4								
Boer	6								
Cartago	4								
Tanganika	4								
Yourubá	2								

Caixa	$	50	50	50	50

APÊNDICE A: O JOGO DOS MERCADOS EMERGENTES

APÊNDICE B: O JOGO DA ENERGIA

Introdução

O jogo da energia é um jogo básico. Seu objetivo é colocar os alunos na posição de um presidente (CEO) de uma empresa de energia, gerindo os recursos em um nível global.

Cenário

O ano é 2005 e um novo conselho diretor foi nomeado. As reservas mundiais ainda são altas, mas muitos temem estarmos chegando ao pico da produção de petróleo e, no longo prazo, novas energias alternativas serão a chave para a sobrevivência. A demanda de energia ainda está crescendo, mas as previsões indicam que as reservas não crescerão rápido o suficiente para atender a demanda. As energias renováveis podem reduzir essa demanda no futuro.

As principais reservas estão localizadas no Golfo Pérsico, que foi recentemente estabilizado por uma forte presença militar dos EUA, mas há preocupações crescentes de estabilidade política no longo prazo. O risco é alto, pois a guerra contra o terror continua, e as armas de destruição em massa (WMD) estão sendo desenvolvidas em vários lugares do mundo. A China e a África também são preocupantes em termos de estabilidade política. Seu objetivo é gerir as empresas e seus recursos nos próximos 20 a 40 anos.

Escala do jogo

- Cada turno representa quatro anos fiscais.
- Cada unidade monetária ($1G) é equivalente a um bilhão de dólares.

- Cada unidade de produto (1Gb) é equivalente a um bilhão de barris de petróleo.
- Cada grupo começa com $100G, ou seja, o equivalente a 100 bilhões de dólares.
- Cada grupo começa com 1/5 das reservas de petróleo em todo o mundo.
- As reservas restantes começam com o grupo das empresas independentes.

Montando o jogo

1. Distribua este manual de regras com antecedência, para que os alunos possam ler e se preparar para a sessão de jogo.
2. Cole o mapa do mundo com as regiões em uma parede ou projete-o com um computador.
3. Divida a turma em quatro grupos, de preferência escolhidos de forma aleatória, e distribua as planilhas de jogo.
4. Distribua duas cartas de eventos aleatoriamente para cada grupo e mantenha as restantes com você.
5. Desenhe ou reproduza a planilha em uma parede, quadro branco ou projeção de computador.
6. Repasse brevemente as regras e esclareça eventuais dúvidas.
7. Comece o turno 1 (exercícios de 2005 a 2008).

Sequência do jogo

O jogo é dividido em turnos representando quatro fiscais. Cada turno se divide em várias fases, na seguinte sequência:

- **Fase 1** – Fase de planejamento;
- **Fase 2** – Fase de revelação;
- **Fase 3** – Fase de cálculo;
- **Fase 4** – Fase de fim de turno.

Repita essas fases até o número especificado de turnos ou até o fim do tempo de aula. Uma aula de duas horas provavelmente durará de dois a três turnos, enquanto uma aula de quatro horas durará cerca de cinco a sete turnos. Cada fase será detalhada a seguir.

Fase 1 – Fase de planejamento

Durante essa fase, os alunos tomarão suas decisões. Eles analisarão a situação, discutirão entre si e olharão para o tamanho do mercado, o caixa atual, a localização de seus recursos e as cartas do evento, bem como analisarão a competição.

Eles podem:

a. Decidir quantos Gb extrairão de cada região;

b. Decidir quantas novas reservas em Gb explorarão em cada região;

c. Qual carta de evento apresentarão neste turno.

O custo de extração (Ação A) é $1G/Gb, ou seja, uma unidade monetária por unidade de produção.

O custo de exploração de novas reservas é dado pela equação (3 + 2T + L) $G/Gb, onde T é o número do turno e L é um fator local diferente para cada região.

As cartas de eventos não são usadas no primeiro turno. A partir do segundo turno, cada grupo deve apresentar uma das cartas para uso. Uma das cartas na mão do professor também será apresentada. Apenas uma das cinco cartas apresentadas entrará em vigor a cada turno. Selecione ao acaso qual delas será usada. As outras devem voltar para seus proprietários originais. A carta selecionada entra em vigor durante a fase de revelação.

Fase 2 – Fase de revelação

Nessa fase, todas as decisões tomadas durante a fase anterior são reveladas, de modo que as decisões tomadas em segredo se tornam públicas. O professor anotará as decisões no quadro branco ou nas planilhas projetadas.

O professor selecionará aleatoriamente uma das cinco cartas de eventos apresentadas. Esta entrará em efeito imediatamente, e as outras serão devolvidas aos proprietários originais.

Fase 3 – Fase de cálculo

Nessa fase, o professor fará todos os cálculos na frente dos alunos, na seguinte ordem, levando em conta os efeitos do evento político em vigor:

a. Débito dos custos de extração;

b. Débito do número de reservas extraídas;

c. Débito do custo de exploração de novas reservas;

d. Crédito das novas reservas encontradas pela exploração em cada região;

e. Cálculo da demanda total de petróleo;

f. Cálculo do preço de venda do petróleo;

g. Crédito da receita de venda das unidades de petróleo.

Como dito anteriormente, o custo de extração é de $1G/Gb. O custo de exploração de uma nova reserva é $(3 + 2T + L)$ $G/Gb, onde T é o número do turno e L é um fator local.

A demanda por petróleo é de 60+5T Gb/turno, onde T é o número do turno. Algumas cartas de eventos (energia eólica, biocombustíveis e energia de fusão) podem reduzir essa demanda. Cada uma dessas cartas reduz a demanda de 20Gb para todos os turnos restantes, não apenas para o turno que está sendo jogado. No longo prazo, todos os três provavelmente serão jogados, de modo que a demanda será reduzida em um total de 60Gb.

O preço de venda do petróleo é $(15 + T + [(D-S) / 5])$, onde T é o número do turno, D é a demanda e S é a oferta conjunta de todas as empresas, incluindo as empresas independentes. As chaves [ ] representam a função "parte inteira de".

A produção das empresas independentes é determinada aleatoriamente pela soma dos resultados de quatro dados de seis lados, variando probabilisticamente de 4 a 24, com uma média de 14.

Exemplo:

Vamos supor que estamos no segundo turno e que os grupos extraíram, respectivamente, 20, 18, 12 e 10Gb. Os independentes extraíram 14Gb.

- A demanda é de 60 + 2 x 5 = 70Gb

- A oferta é de 20 + 18 + 12 + 10 + 14 = 74Gb

- O preço de venda é de 15 + 2 + [(74-70) / 5] = $17G/Gb

- Por isso, cada empresa receberá $340G, $306G $, $204G e $170G.

Fase 4 – Fim da fase de turno

Uma vez feitos os cálculos, as empresas devem ter um caixa positivo. Se não for esse o caso, elas devem vender algumas reservas a um preço de $10G/Gb para os independentes até que mostrem um caixa positivo.

O professor pode, a seu critério, conceder dinheiro adicional para o grupo para evitar que vá à falência e assim se mantenha no jogo.

CARTAS DE EVENTOS

Existem doze cartas de eventos que permitem que os jogadores introduzam o fator de risco no jogo, que só pode ser parcialmente planejado por eles mesmos e pelos outros jogadores.

No primeiro turno de jogo, nenhuma carta é jogada, mas, a partir do segundo turno, haverá sempre uma carta em jogo. Uma vez jogadas, as cartas de energias renováveis, produção de Xisto, camada pré-sal e guerra nuclear no Golfo afetam o resto do jogo, e não somente o turno no qual elas foram jogadas.

- **China em Crise:** Revoltas nas províncias de Xinjiang e Tibete levam a mais revoltas nas províncias de Guangdong, Hunan e Manchúria. Uma crise generalizada na China faz com que todas as operações cessem por um turno (quatro anos). Nenhuma empresa pode extrair ou explorar na China nesse turno. Ações planejadas são canceladas, mas o dinheiro não é perdido.

- **Guerra no Golfo:** Uma guerra ocorre na região do Golfo, mas nenhuma arma nuclear é utilizada, permitindo que os EUA mantenham a Arábia Saudita fora da zona de conflito principal. A região do Golfo é afetada por um turno (quatro anos). Apenas metade da extração e exploração planejada pode ser executada; a outra metade é cancelada. O dinheiro da parte cancelada não é perdido. Arredonde as frações para baixo.

- **Guerra Nuclear no Golfo:** Uma guerra usando armas nucleares ocorre na região do Golfo. A guerra se estende por quatro anos e a região fica quase destruída. Nenhuma extração ou exploração pode ocorrer nesse turno na região. Todo o dinheiro planejado para ser utilizado na região é perdido e não gera nenhum efeito. Metade das reservas existentes são destruídas permanentemente, com as frações sendo arredondadas para cima. O modificador de localização (L) torna-se +1 para o resto do jogo nessa região, devido aos efeitos residuais de radiação e armas químicas e biológicas.

- **Guerra no SE – Ásia:** A descoberta de reservas de petróleo nas ilhas Spratly começa uma guerra geral entre o Vietnã, as Filipinas, a Malásia e a Tailândia. Indonésia, China, Índia e EUA enviam forças expedicionárias para influenciar a guerra. Essa crise generalizada faz com que todas as operações cessem por um turno (quatro anos) na região do sudeste da Ásia. Nenhuma empresa pode extrair ou explorar no sudeste da Ásia nesse turno. Ações planejadas são canceladas, mas o dinheiro não é perdido.

- **África em Crise:** O fundamentalismo toma o poder no Egito e começa uma guerra com seu vizinho, a Líbia. Ao mesmo tempo, Nigéria e Angola entram em guerras civis. As operações de petróleo na África são paradas nesse turno (quatro anos).

Nenhuma empresa pode extrair ou explorar em regiões da Líbia e da Nigéria/Angola nesse turno. As ações planejadas são canceladas, mas o dinheiro não é perdido.

- **América Latina em Crise:** Uma série de golpes militares colocam regimes populistas no poder na América Latina e passam a afetar o Brasil, o México e a Venezuela. Essas nações têm que lidar com problemas internos, bem como com seus vizinhos por um período prolongado. As operações de petróleo na América Latina são paradas nesse turno (quatro anos). Nenhuma empresa pode extrair ou explorar em regiões do Brasil e do México/Venezuela nesse turno. As ações planejadas são canceladas, mas o dinheiro não é perdido.

- **Rússia em Guerra Civil:** Um golpe militar e uma guerra civil ocorrem na Rússia. A intervenção vem de todos os lados, como a Ucrânia, a China, a Índia, a Polônia, os EUA e a Alemanha. Os russos revivem o período 1918-1921. As operações de petróleo na Rússia são paradas para esse turno (quatro anos). Nenhuma empresa pode extrair ou explorar na região da Rússia/Polônia nesse turno. As ações planejadas são canceladas, mas o dinheiro não é perdido.

- **Energia Solar:** A tecnologia de energia solar finalmente reduz seu custo o suficiente para se tornar viável em relação à energia de petróleo. Levou muitas décadas para que a curva de aprendizado tenha chegado a esse ponto. Muitas nações começam a instalar massivamente usinas solares. Reduza a demanda de petróleo de forma permanente em vinte unidades de produção (20Gb) a partir desse turno.

- **Biocombustíveis:** Os biocombustíveis de terceira geração produzidos a partir de tecnologia de algas de água salgada finalmente reduz seu custo o suficiente para se tornar viável em relação à energia de petróleo. Levou muitas décadas para que a curva de aprendizado tenha chegado a esse ponto. Muitas nações começam a instalar massivamente usinas de biocombustíveis de alga. Reduza a demanda de petróleo de forma permanente em vinte unidades de produção (20Gb) a partir desse turno.

- **Fusão Nuclear:** A energia de fusão produzida por tecnologia de deutério finalmente reduz seu custo o suficiente para se tornar viável contra a energia de petróleo. Levou muitas décadas para que a curva de aprendizado tenha chegado a esse ponto. Muitas nações começam a instalar massivamente plantas de fusão. Reduza a demanda de petróleo de forma permanente em vinte unidades de produção (20Gb) a partir desse turno.

- **Reservas de Xisto:** A perfuração horizontal e o fraturamento hidráulico finalmente chegaram a um ponto onde são economicamente viáveis. Grandes reservas de petróleo e gás de xisto são descobertas. Reduza permanentemente em um modificador localização (L) do Brasil, da Rússia/Polônia, do México/Venezuela, dos EUA/Canadá, da China e da África.

- **Camada Pré-Sal:** Uma grande reserva de petróleo sob a camada do pré-sal é descoberta na costa do Brasil. O custo de produção ainda é muito alto, mas a empresa estatal local (Petrobrás) decide produzi-lo. Aumente permanentemente a produção dos independentes em dois dados de seis lados (2D6) a cada turno.

DEBRIEFING

Sente-se com os alunos, de preferência em formato de círculo, e exponha os temas em uma conversa informal guiada, sempre tentando fazê-los falar de sua experiência durante o jogo. As seguintes perguntas e temas podem ser exploradas:

1. Qual é o valor de cada empresa?
2. Podemos calcular o preço futuro do petróleo?
3. O que vocês pensaram durante o jogo?
4. Como foram tomadas as decisões?

5. Como vocês viam a concorrência?

6. Que tipo de estratégia acharam viável?

7. Quais simplificações o modelo contém?

8. Como o modelo poderia ser aperfeiçoado?

9. Que outros produtos poderiam ser modelados da mesma forma?

10. O que podemos falar dos seguintes temas com base na experiência de jogo:

    - Cartelização e descartelização;
    - Análise de risco e retorno;
    - Relação entre oferta e demanda;
    - Globalização;
    - Geopolítica e negócios;
    - Energias renováveis e não-renováveis;
    - Mercados de commodities?

Comentários

Note que este jogo tem uma fórmula para o cálculo do preço de venda do petróleo que estimula a formação de um cartel, mas um cartel instável por natureza, como previsto pelo jogo, em sua teoria (uma versão do jogo da "galinha"). Explore esse tema usando uma série histórica da vida real de preços, bem como os obtidos durante a aula.

Esse modelo tenta simular este e outros efeitos futuros, como os crescentes custos de produção, a instabilidade política da maioria das regiões produtoras e a tendência para que as energias renováveis substituam a demanda no longo prazo.

O modelo político e tecnológico é muito simples para dar aos alunos uma visão melhor das possibilidades. No entanto, ainda assim, as combinações possíveis são tantas que não existirão dois iguais. Isso reduzirá a tendência dos jogadores à paranoia e permitirá que eles se concentrem em administrar os recursos.

Observe que o esgotamento do petróleo ocorre por razões meramente econômicas. O jogo não o impede de encontrar reservas cada vez mais caras e, de fato, isso mostra que a indústria do petróleo continuará a existir, apenas em um tamanho menor. Na medida em que as energias renováveis substituem a demanda, a oferta de petróleo terá que ser menor para que seja rentável.

Outro aspecto importante é o Golfo, onde a maioria das reservas estão concentradas, que também é a região mais vulnerável do mapa. Todas as outras áreas têm uma carta que, uma vez passado seu efeito, torna a área segura. O Mar do Norte e do Alasca/Canadá não possuem cartas e estão sempre seguros, mas também são caros. Isso contribui para um equilíbrio de bom risco e retorno durante o jogo.

Isso levará a maioria dos jogadores a tentar extrair o petróleo do Golfo o mais rápido possível, provavelmente levando os preços muito para baixo. Isso é um erro, e você poderá mostrar para os outros jogadores depois.

Além disso, há o problema de assimetria de informações. As cartas automaticamente criam uma assimetria, de maneira que a simetria aparente nas reservas é quebrada assim que você distribui as cartas. Permita-lhes negociar e discutir como jogar. O jogo também é um bom treinamento de negociação, assim como de estratégia.

As reservas de petróleo foram estimadas para o ano de 2005. O México foi incorporado na região da Venezuela. As reservas dos EUA foram divididas em duas partes, sendo metade incorporada na Venezuela e metade nos EUA/Canadá. Assim, a região da Venezuela representa, de fato, toda a bacia do Golfo do México. As reservas brasileiras são anteriores ao anúncio da camada pré-sal.

Mapa do Jogo

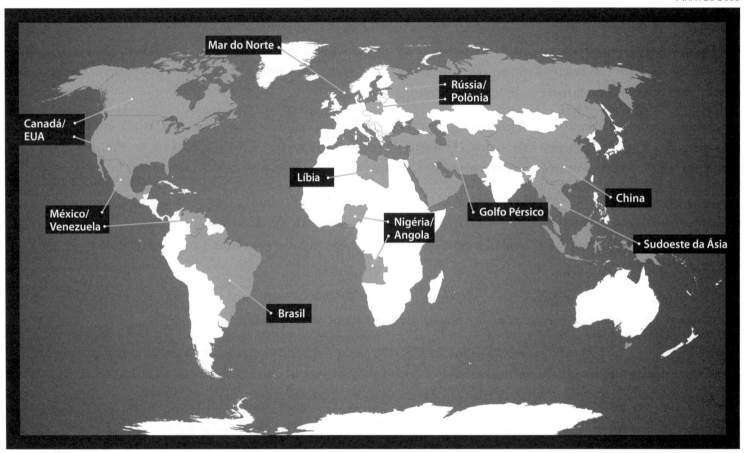

CARTAS DE EVENTOS

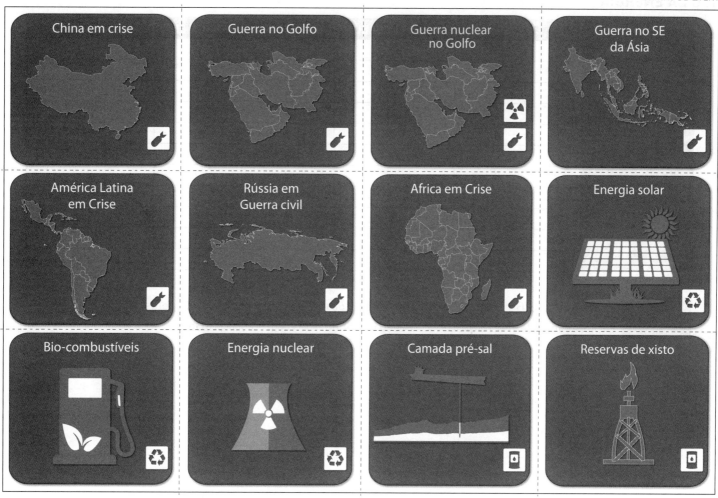

APÊNDICE B: O JOGO DA ENERGIA

JOGO DA ENERGIA

REGIÃO	L	DESERT SUN	NORD PETROLEUM	PACIFIC OIL	KEVRON ENT.	INDEPENDENTES
EUA/Canadá	+2	39	39	39	39	39
Brasil	+2	3	3	3	3	3
China	+1	4	4	4	4	4
Golfo Pérsico	-1	146	146	146	146	146
Líbia	0	8	8	8	8	8
Nigéria/Angola	0	12	12	12	12	12
Mar do Norte	+2	2	2	2	2	2
Rússia/Polônia	+1	14	14	14	14	14
SE Ásia	0	3	3	3	3	3
México/Venezuela	+1	22	22	22	22	22
Caixa		100	100	100	100	100

Fórmulas
Extração – $1G/Gb
Exploração – (3+2T+L) $G/Gb
Demanda – 60+5T Gb (pode ser reduzida pelas renováveis)
Preço de venda – 15+T+[(D-S)/5] $G/Gb

APÊNDICE C: O JOGO DAS MARCAS (BRAND GAME)

Introdução

O jogo das marcas é um jogo básico. Seu objetivo é colocar os alunos na posição de um CEO de uma empresa multinacional (MNC) que opera várias marcas de um produto de consumo.

Cenário

É o ano de 2015 e a nova diretoria acaba de assumir seu posto.

Uma nova tecnologia acaba de ser desenvolvida, permitindo que um novo produto de consumo seja fabricado. Todas as companhias desse mercado buscarão vender esse produto nos cinco segmentos de mercado existentes: alta renda, inovadores, chefes de família, caçadores de status e aventureiros.

As companhias desenvolverão marcas específicas para cada segmento e gerenciarão tais marcas ao longo dos anos, tentando obter o melhor posicionamento ao final da década.

As marcas começam o jogo desconhecidas para o público e devem se desenvolver por vários estágios, desde a adoção até a lealdade. Muitas ações de marketing podem ser escolhidas nos mercados alvos.

Escala do jogo

- Cada turno equivale a um ano fiscal;
- Cada unidade monetária ($1) é equivalente a um milhão de dólares;

- Cada unidade de mercado (tamanho 1) é equivalente a um milhão de consumidores.

- A margem de cada consumidor é dada em unidades monetárias, isto é, o número de milhão de dólares por milhão de consumidores que compraram o produto.

- Cada grupo começa com cinco marcas, uma em cada um dos cinco segmentos. Essas marcas estão na situação de desconhecimento. Coloque um marcador na primeira caixa do diagrama principal para representar essa situação.

- Cada grupo começa com $250, isto é, o equivalente a 250 milhões de dólares.

Montagem do jogo

1. Distribua este manual de regras com antecedência, para que os alunos possam ler e se preparar para a sessão de jogo;

2. Afixe o diagrama principal de desenvolvimento de marcas com os segmentos em um quadro ou projete-o com o computador;

3. Divida a turma em quatro grupos, de preferência escolhidos de forma aleatória, e distribua as planilhas de jogo;

4. Distribua uma cópia do diagrama principal para cada grupo;

5. Desenhe ou reproduza a planilha na parede, quadro branco ou projeção de computador;

6. Repasse as regras brevemente e esclareça qualquer dúvida;

7. Inicie o turno 1 (ano fiscal 2015).

Sequência do jogo

O jogo é dividido em turnos representando um ano fiscal. Cada turno é dividido em várias fases, na seguinte sequência:

- **Fase 1** – Fase de planejamento;
- **Fase 2** – Fase de revelação;
- **Fase 3** – Fase de cálculo;
- **Fase 4** – Fase de fim de turno.

Fase 1 – Fase de planejamento

Durante essa fase, os participantes tomarão suas decisões. Eles terão de analisar a situação, discutir entre eles e olhar os tamanhos de mercados, as margens de cada segmento, o caixa corrente, a situação da marca e a competição.

Eles deverão escolher uma ação para cada marca em cada segmento. As ações possíveis são mostradas na tabela de ações e têm três características: custo, probabilidade de eficácia e faixa de efetividade.

O custo é dependente do tamanho do mercado no qual a ação será utilizada. O tamanho do mercado deverá ser multiplicado pelo valor indicado para se encontrar o custo em unidades monetárias.

A probabilidade de eficácia é mostrada como uma percentagem, que é a chance da situação da marca melhorar durante a fase de cálculo. Todas as percentagens são múltiplos de 10%, de maneira que um dado de dez faces (1D10) será suficiente para resolver o jogo.

A faixa de efetividade mostra para quais estágios de desenvolvimento da marca a ação é efetiva. Na tabela, as áreas sombreadas representam que a ação selecionada pode melhorar a situação da marca do estágio imediatamente anterior para o estágio selecionado.

Por exemplo, uma vez que todas as marcas começam na situação de desconhecimento, elas têm de avançar para a situação de conhecimento como próximo estágio, e somente duas ações podem fazer isso, "anúncio de TV" e "anúncio de revista". Suponhamos que a ação "anúncio de TV" seja escolhida para o segmento de inovadores. Nesse caso, o custo será três vezes o tamanho desse segmento, isto é, 3 x $20 = $60. As chances de avanço serão de 80%, ou de 1 a 8 em um dado de dez faces.

No todo, cada grupo pode selecionar até cinco ações, isto é, uma para cada marca.

Fase 2 – Fase de revelação

Nessa fase, todas as decisões tomadas na fase prévia são reveladas. Assim sendo, as decisões tomadas de forma oculta se tornam públicas. O professor marcará as decisões em um quadro.

Fase 3 – Fase de cálculo

Nessa fase, o professor fará as contas na frente dos participantes, na seguinte ordem, levando em conta os efeitos necessários:

a. Debitar os custos das ações para cada marca;

b. Rolar os dados para checar o avanço da situação de cada marca;

c. Calcular o market share da cada marca;

d. Creditar o lucro de cada marca;

e. Checar a perda de situação nas marcas que têm situação regular e lealdade.

Os passos A e B acima já foram explicados e são basicamente dependentes da ação selecionada para cada marca e do tamanho do segmento.

Os passos C e D são muito próximos. Para calcular o lucro de cada marca em um segmento, deve ser calculado o market share, que é dependente da situação da marca. Essa fatia é mostrada no diagrama da situação e é de 20 para uma marca na lealdade, 14 na regular, 10 no repertório, 7 no teste, 5 na consideração, 3 no conhecimento e 1 no desconhecimento.

No passo C, o professor calculará a fatia de cada marca em cada segmento e, no passo D, dividirá o valor de cada segmento, isto é, o produto de seu tamanho por sua margem proporcionalmente, arredondando as frações para baixo.

No passo E, todas as marcas na situação de regular e lealdade terão de checar se perdem uma posição. Existe uma chance de 50% para essa perda. Cheque cada marca com um dado de dez faces. Isso representa a dificuldade de manter tais posições devido à natureza da memória humana. Uma seta apontando para a esquerda é mostrada no diagrama principal e ajuda a lembrar sobre esse rolamento.

Exemplo:

Vamos supor que, no segmento de inovadores, temos uma marca na lealdade, duas no regular e uma no repertório. As marcas receberão fatias de 20, 14, 14 e 10, respectivamente, para um total de 58 fatias de um total de 320 (tamanho 20 x margem 16). Dessa forma, cada fatia corresponde a 320/58, ou 5,51, o que é arrendando para baixo, para 5. Assim sendo, as marcas recebem um lucro de 100, 70, 70 e 50, respectivamente.

Depois disso, as marcas em lealdade e regular têm que checar a perda dessa situação. A marca na lealdade rola um 4 em um dado de dez faces e é reduzida para regular. Das duas marcas em regular, uma rola um 6 e a outra 1. Assim, a marca que rolou 1 é reduzida para a situação de repertório. A marca em repertório não tem que checar a redução.

Fase 4 – Fase de fim de turno

Uma vez feitos esses cálculos, as companhias devem ter um caixa positivo. Se não for esse o caso, o professor emprestará dinheiro suficiente para que seu caixa se torne $100.

Lembre-se que esse dinheiro deve ser levado em conta no debriefing como se fosse dinheiro mandado pela matriz (head-quarters) para salvar a divisão de produtos. O professor pode, por sua conta, dar dinheiro adicional para um grupo, de maneira a evitar que ele quebre.

DEBRIEFING

Sente com os participantes em um círculo e exponha os temas abaixo em uma conversa informal guiada. Tente fazê-los descrever sua experiência no jogo. As seguintes questões e temas podem ser exploradas:

- Quanto vale cada companhia?
- O que você pensou durante o jogo?
- Como você tomou as suas decisões?
- Como vocês viam a competição?
- Que tipo de estratégia você achou viável?

- Que simplificações o modelo contém?
- Como o modelo pode ser aperfeiçoado?
- Que tipo de produtos poderiam ser modelados da mesma forma?
- O que podemos falar dos temas abaixo com base na experiência:
- Gestão de marcas;
- Estratégia e tática de marcas;
- Promoção, preço, produto e distribuição;
- Segmentação;
- Maturidade de mercado e ciclo de vida;
- Ações promocionais?

Comentários

Este jogo é uma versão completamente nova do jogo original de gestão de marcas. Esta nova versão incorpora muitos anos de experiência tanto acadêmica quanto de consultoria.

Ela incorpora o conceito de adoção de produto e maturidade da marca em um formato simples, chamado de funil de consumo, no qual a marca é vista como evoluindo através de seis ou sete estágios. Existem muitas variações desse funil, dependendo da indústria, do produto ou da fonte de consulta.

No geral, a tarefa de gestão do portfólio de marcas é encontrar os segmentos, posicionar as marcas nesses segmentos e alinhar todo o marketing tático com eles. Isso é feito de forma simplificada, pois não se mostram as mudanças de comportamento com o tempo, bem como a distribuição no ponto de venda, o recrutamento, treinamento de vendedores e a melhoria do produto.

O jogo foca somente na promoção e, de forma limitada, em uma forma de promoção. O objetivo principal é entender que marketing é muito mais do que simplesmente fazer anúncios, embora essa seja uma parte importante dele.

A tabela de ações pode ser melhorada, sofisticada e expandida, mas isso é melhor feito no debriefing. Incorporar alguns desses detalhes no modelo o complicaria muito e requereria um computador e mais tempo para jogar. Dessa forma, debater no debriefing é uma melhor estratégia de educação.

JOGO DAS MARCAS

SEGMENTO	TAMANHO	MARGEM	VALOR	MULTILEVER	PROFIT & GROWTH	JONAS & JONAS	PENTA PAK
Alta Renda	40	20	800				
Inovadores	20	16	320				
Chefes de Família	100	8	800				
Caçadores de Status	20	32	640				
Aventureiros	40	16	640				

DIAGRAMA PRINCIPAL

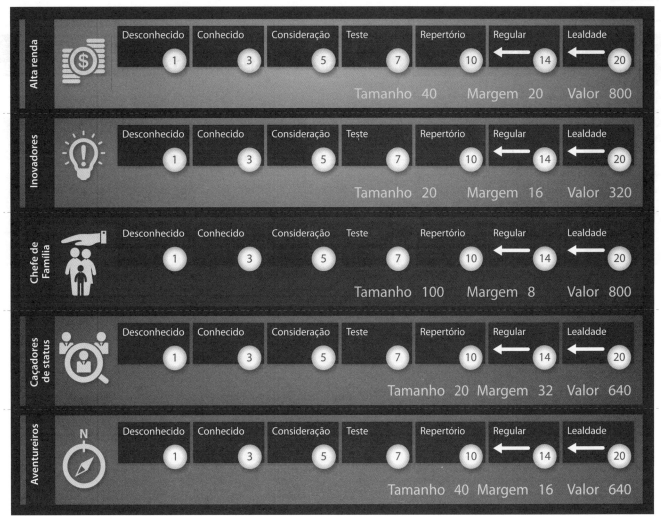

APÊNDICE C: O JOGO DAS MARCAS (BRAND GAME)

TABELA DE AÇÕES

AÇÃO	CUSTO ($)	EFICÁCIA (%)	AVANÇAR PARA				
			CONHECIDO	CONSIDERAÇÃO	TESTE	REPERTÓRIO	REGULAR
Anúncio de TV	tamanho x 3	80					
Anúncio de revista	tamanho x 2	70					
Anúncio do PDV	tamanho x 2	60					
Evento	tamanho x 4	80					
Desconto	tamanho x 1	50					
Amostra grátis	tamanho x 2	60					
Colecionáveis	tamanho x 3	70					
Série especial	tamanho x 2	60					
CRM	tamanho x 3	70					

APÊNDICE D: O JOGO DO CAPITAL DE RISCO (VENTURE CAPITAL)

Introdução

O jogo do capital de risco é um jogo básico. Seu objetivo é colocar os alunos na posição de um CEO de um fundo de capital de risco tentando encontrar os melhores projetos disponíveis e combinando risco e retorno, a fim de equilibrar sua carteira de investimento.

Cenário

O ano é 2015 e um novo conselho diretor foi nomeado.

A crise econômica mundial está colocando uma pressão elevada na economia, que está ansiosa por novas oportunidades, entre elas novas tecnologias em diversos campos que foram lentamente se desenvolvendo nas últimas décadas. Agora, as promessas de biotecnologia, nanotecnologia, medicina avançada, robótica, inteligência artificial e outras áreas estão prestes a se tornar realidade. À medida que essas tecnologias saem de experimentos científicos para tornar-se protótipos de mercado, surge o momento para o capitalista de risco avançar.

Seu objetivo é selecionar as oportunidades em nove campos e investir no balanceamento de seu portfólio em termos de risco e retorno para maximizar o lucro em dez anos.

Montar equipes de gestão e de ciência e fazê-los trabalhar juntos não é fácil e, às vezes, é preciso tempo para que a empresa cresça e pague o investimento. Isso significa que você deve encontrar o equilíbrio entre as equipes ideais e os retornos financeiros.

Escala do jogo

- Cada turno equivale a dois anos fiscais;
- Cada unidade monetária ($1) é equivalente a um milhão de dólares;
- A qualidade da equipe é uma medida do desempenho das equipes científicas e de gestão em conjunto, e é medida em ★, sendo uma estrela uma equipe de baixíssima qualidade e cinco estrelas uma superequipe.
- Cada grupo começa com $200, ou seja, o equivalente a 200 milhões de dólares.

Montagem do jogo

1. Distribua este manual de regras de antemão, para que eles possam lê-lo e se preparar para a sessão de jogo;
2. Cole o diagrama principal com as áreas de investimentos em uma parede ou projete-o com um computador;
3. Divida a turma em quatro grupos, de preferência escolhidos de forma aleatória, e distribua as planilhas de jogo;
4. Distribua uma cópia do diagrama principal para cada grupo;
5. Desenhe ou reproduza a planilha em uma parede, quadro branco ou projeção de computador;
6. Repasse brevemente as regras e esclareça eventuais dúvidas;
7. Comece o turno 1 (ano fiscal 2015).

Sequência do jogo

O jogo é dividido em turnos representando um ano fiscal. Cada turno é dividido em várias fases, na seguinte sequência:

- Fase 1 – Fase de planejamento;
- Fase 2 – Fase de revelação;
- Fase 3 – Fase de cálculo;
- Fase 4 – Fase de fim de turno.

Fase 1 – Fase de planejamento

Nessa fase, os jogadores tomam as decisões. Eles devem decidir quais empresas criarão em cada área de investimento. Cada grupo pode criar no máximo uma empresa em cada área de investimento. A qualidade da equipe da empresa (número de ★) em cada área de investimento é decidida pelos alunos do grupo.

O custo de montar cada empresa é calculado pela fórmula abaixo, onde n é o número de ★ da equipe. Os resultados desta fórmula são reproduzidos pela tabela a seguir:

$$C = 2^{n-1} \cdot 10\$$$

QUALIDADE DA EQUIPE	CUSTO DA EMPRESA
★	$10
★ ★	$20
★ ★ ★	$40
★ ★ ★ ★	$80
★ ★ ★ ★ ★	$160

Fase 2 – Fase de revelação

Nessa fase, todas as decisões tomadas na fase prévia são reveladas. Assim sendo, as decisões tomadas de forma oculta se tornam públicas. O professor marcará as decisões em um quadro.

Fase 3 – Fase de cálculo

Nessa fase, o professor deve fazer os cálculos financeiros na frente dos alunos, na seguinte ordem:

a. Debitar os custos de formação das empresas;

b. Rolar os dados para checar o valor de mercado de cada empresa;

c. Determinar o efeito "bola de neve" em cada área de investimento;

d. Creditar o lucro de venda de cada empresa.

Cada empresa terá um valor de mercado (V) seguindo a função abaixo, onde n é o número de ★ da equipe e D6 é um valor aleatório gerado por um dado de seis faces. Isso representa a capacidade de cada empresa criar valor em seu mercado.

Os valores possíveis são tabelados a seguir:

$$V = (n + D6 + 1) . 5\$$$

N+D6+1	V ($)
3	15
4	20
5	25
6	30
7	35
8	40
9	45
10	50
11	55
12	60

A empresa com maior valor de mercado em cada área de investimento, isto é, aquela com o maior resultado na fórmula acima recebe um bônus do "efeito bola de neve". Se houver empate no valor de mercado entre duas ou mais empresas, não ocorre esse efeito naquela área de investimento nesse turno. O efeito bola de neve representa o fato de que o mercado valoriza mais as empresas que geram tecnologias melhores, e tende a concentrar os aportes de capital na que foi melhor.

Assume-se também que os capitalistas de risco venderão suas empresas no final do turno para gerar caixa para o turno seguinte, o que realmente é comum neste mercado. O efeito bola de neve consiste em rolar um dado de seis faces e multiplicar por esse valor de mercado da empresa.

$$V_s = V . D6_s$$

Exemplo:

Suponhamos que, na área de investimento de robótica, um grupo tenha criado uma empresa com uma equipe de duas estrelas, outros dois grupos tenham criado empresas com equipes de três estrelas, e o último grupo tenha criado uma empresa com uma equipe de cinco estrelas. Ao calcular o valor de mercado, a empresa com uma equipe de duas estrelas tirou um quatro no dado, tendo assim um valor de mercado de $35; as duas empresas com equipes de três estrelas tiveram, respectivamente, valores de mercado de $35 (três no dado) e $50 (seis no dado).E a firma que tem uma equipe de cinco estrelas teve um decepcionante valor de mercado de $40 (dois no dado).

A empresa com melhor valor de mercado foi a de $50, e tem como bônus o efeito bola de neve. O rolar do dado de efeito bola de neve é de 4, o que resulta em um valor de mercado final de $200.

Fase 4 – Fase de fim de turno

Uma vez feitos esses cálculos, as companhias devem ter um caixa positivo. Se não for esse o caso, o professor emprestará dinheiro suficiente para que seu caixa se torne $100. Na prática, isso dificilmente ocorrerá.

DEBRIEFING

Sente com os participantes em um círculo e exponha os temas abaixo em uma conversa informal guiada. Tente fazê-los descrever sua experiência no jogo. As seguintes questões e temas podem ser exploradas:

1. Quanto vale cada companhia?
2. O que você pensou durante o jogo?
3. Como você tomou as suas decisões?
4. Como vocês viam a competição?
5. Que tipo de estratégia você achou viável?
6. Que simplificações o modelo contém?
7. Como o modelo pode ser aperfeiçoado?
8. Que tipo de produtos poderiam ser modelados da mesma forma?
9. O que podemos falar dos temas abaixo com base na experiência:

- Capital de risco (venture capital);
- Áreas tecnológicas para investimento;
- Estrutura de inovação;
- Risco e retorno;
- Qualidade de gestão e performance;
- Maturidade de empresas;
- Estratégias de saída?

Comentários

Este jogo é uma nova versão do jogo original de capital de risco. Na versão original, eu usei a indústria do cinema como base para os segmentos de mercado, e os tipos de filmes eram drama, comédia, ação, infantojuvenil, romance e suspense.

Para esta versão, preferi usar a tecnologia como tema central, mas escapando da internet e de tecnologia da informação (TI) e buscando uma visão mais ampla. Dessa forma, decidi criar as áreas de investimento baseadas nas tecnologias emergentes dos nossos dias.

O jogo coloca o aluno em uma posição onde montar empresas baratas sempre dá dinheiro, mas raramente conseguirá um efeito bola de neve. Se, ao contrário, ele buscar empresas caras, com equipes muito boas, em geral ele terá prejuízo, mas deverá conseguir algumas bolas de neve para compensar. O segredo é tentar equilibrar essas duas lógicas.

Usei um turno de dois anos, pois é o tempo comum para uma empresa de capital de risco ser vendida por uma estratégia de saída.

Este jogo pode ser bem perturbador para certos jogadores devido ao alto grau de incerteza e risco intrínseco. Afinal, é capital de risco. Nesses casos, a saída é a diversificação e a busca do equilíbrio no portfólio de investimento.

JOGO DO CAPITAL DE RISCO

ÁREA DE INVESTIMENTO	HIGH STAKES	FUTURE CHANGE	KEYTECH	GLOBAL VENTURES
Tecnologia da Informação				
Robótica				
Inteligência Artificial				
Materiais e Manufatura				
Geração de Energia				
Sensores				
Biotecnologia				
Medicina Avançada				
Nanotecnologia				

Caixa		200		

Diagrama Principal (Áreas de Investimento)

APÊNDICE E: O JOGO DOS COMPUTADORES (GLOBALIZAÇÃO)

Introdução

Este é um jogo de negócios intermediário. Seu objetivo é colocar os alunos na posição de CEO de uma empresa de hardware em um mercado altamente competitivo e cujos produtos têm um período de obsolescência curto.

Cenário

É o ano de 1980. A IBM acaba de lançar um computador pessoal de arquitetura aberta que promete revolucionar o mercado de computadores. Tudo indica que novas gerações de computadores serão lançados a cada dois ou três anos pelas próximas décadas e que isso revolucionará os escritórios de todo o mundo.

Para sobreviver nesse setor, é preciso investir em tecnologia de ponta, baratear custos de produção e gerenciar uma indústria espalhada por todo o mundo. A liderança tecnológica é crítica, e o produto de hoje se torna obsoleto em pouco tempo. Os novos produtos não são só mais poderosos, mas também mais baratos. Não há margem para a defasagem tecnológica.

Seu objetivo é gerenciar essa empresa por quinze anos (cinco turnos).

Escala do jogo

- Cada turno equivale a três anos fiscais.
- Cada unidade monetária ($1) é equivalente a um milhão de dólares;
- Cada unidade de produto (1 up) equivale a 50 mil computadores;
- Cada grupo começa com $250, isto é, o equivalente a 250 milhões de dólares;

Montagem do jogo

1. Distribua este manual de regras de antemão, para que eles possam lê-lo e se preparar para a sessão de jogo;

2. Cole o mapa do jogo em uma parede ou projete-o com um computador;

3. Divida a turma em quatro grupos, de preferência escolhidos de forma aleatória, e distribua as planilhas de jogo;

4. Distribua três cartas de expansão de mercado para cada grupo;

5. Desenhe ou reproduza a planilha em uma parede, quadro branco ou projeção de computador;

6. Repasse brevemente as regras e esclareça eventuais dúvidas;

7. Comece o turno 1 (anos fiscais 1981 a 1983).

Sequência do jogo

O jogo é dividido em turnos representando um ano fiscal. Cada turno é dividido em várias fases, na seguinte sequência:

- **Fase 1** – Fase de expansão de mercado;
- **Fase 2** – Fase de planejamento;
- **Fase 3** – Fase de revelação;
- **Fase 4** – Fase de avanço tecnológico;
- **Fase 5** – Fase de cálculo;
- **Fase 6** – Fase de fim de turno.

Os turnos se repetem até chegar ao término da aula ou a cinco turnos. A seguir, cada fase será mais bem explicada.

Fase 1 – Fase de expansão de mercado

Nessa fase, cada grupo seleciona uma de suas três cartas de expansão de mercado para ser efetivada. Quando cada equipe tiver entregue uma carta ao professor, este deve entregar a cada um deles uma nova pilha de cartas ainda não distribuídas. Assim, cada grupo terá sempre três opções no começo de cada fase de expansão de mercado. No total, são quarenta cartas de expansão de mercado.

As cartas têm os seguintes efeitos:

Novo mercado: O mercado de uma certa região indicada na própria carta é aumentado de um certo valor em sua demanda. O valor do aumento também é indicado na carta, sendo geralmente de 5 ou 10 up. Isso representa a modernização de uma certa região que antes não consumia tal produto. Existem 14 cartas desse tipo.

Expansão de mercado: O mercado de uma certa região indicada na própria carta é multiplicado por dois. Isso indica o aumento normal de cada um dos principais mercados do mundo, isto é, Europa, Estados Unidos e Japão. Existem 20 cartas desse tipo.

Mercado emergente: O mercado de menor valor positivo é multiplicado por um certo valor indicado na carta (2 ou 3). Caso haja mais de um mercado com o número mínimo, a equipe que lançou a carta escolhe em qual região a carta causará seu efeito. Isso representa o crescimento não linear dos mercados ditos "emergentes", que crescem rapidamente e depois param em certos níveis de consumo, como o Brasil, a China, a Índia e o México. Duas dessas cartas não podem afetar uma mesma área em uma mesma rodada. Existem 6 cartas desse tipo.

As cartas devem ser aplicadas pelo professor na seguinte ordem: primeiro são aplicadas as cartas de novo mercado, depois as de expansão de mercado e, finalmente, as de mercado emergente, sendo, dentre estas, primeiro as que duplicam os mercados e depois as que triplicam os mercados.

Esse mecanismo regula o crescimento de mercado, permitindo que os alunos tenham uma certa projeção do que acontecerá nos próximos turnos.

Fase 2 – Fase de planejamento

Durante essa fase, os participantes tomarão suas decisões. Eles devem analisar a distribuição das fábricas e as redes de distribuição de si mesmos e dos concorrentes, bem como o mercado disponível em cada região, e decidir como alocar seus recursos financeiros.

Eles podem:

a. Instalar novas fábricas;

b. Instalar novas redes de distribuição;

c. Instalar novos centros de pesquisas.

O custo de instalação de uma fábrica (Cfab) é dado pela fórmula abaixo, aonde f é função da região, representando o custo mais baixo de instalar as fábricas no "terceiro mundo", e F é a capacidade de produção em unidades de produto (up). Essa capacidade de produção é escolhida pelo jogador. A expansão de uma fábrica custa como se fosse uma nova fábrica.

$$C_{fab} = f \cdot F + 20$$

O custo de instalação de uma rede de distribuição (Cdist) é dado pela fórmula abaixo, onde D é a capacidade de distribuição da rede em unidade de produção (up). Tal custo não difere de região para região. A capacidade de distribuição (D) é escolha do jogador. A expansão de uma rede de distribuição custa como se fosse uma nova rede de distribuição.

$$C_{dist} = 10 \cdot D + 20$$

O custo de instalação de um centro de pesquisa (Cpesq) é dado pela fórmula abaixo, onde r é fixo e função da região, n é zero se não há outros centros de pesquisa na região, e n é igual a dez se existirem outros centros de pesquisa já instalados na região (seus ou de outros jogadores). Isso representa que é mais barato instalar e manter um centro de pesquisa em regiões de primeiro mundo e que eles tendem a se aglomerar.

$$C_{pesq} = r - n$$

Exemplo:

Um jogador decide instalar uma fábrica com a capacidade de produzir 5 up por rodada no Japão. Seu custo é de 40 x 5 + 20, ou $220. Visando distribuir esses produtos, ele decide instalar uma rede de distribuição na Europa ocidental capaz de distribuir toda a sua produção. O custo disso é de 5 x 10 + 20, ou $70.

Finalmente, ele decide instalar um novo centro de pesquisa na costa oeste dos EUA, onde ele já tem um centro junto com outro jogador. Assim, o custo de instalação é de 50 – 10, ou $40.

O gasto total do jogador é de 220 + 70 + 40, ou $330.

Fase 3 – Fase de revelação

Nessa fase, todas as decisões tomadas na fase prévia são reveladas. Assim sendo, as decisões tomadas de forma oculta se tornam públicas. O professor marcará as decisões em um quadro.

Fase 4 – Fase de avanço tecnológico

Nessa fase, cada grupo calcula seu novo nível tecnológico. O nível tecnológico original na primeira rodada é 1 (um), e avança a cada rodada por um número variável em função do número de centros de pesquisa em atividade na rodada.

O valor de acréscimo no nível tecnológico é a soma de um certo número de dados de seis faces de acordo com a fórmula a seguir, onde n é o número de centros de pesquisa em atividade e a função [...] significa "parte inteira de". Assim, a parte inteira da raiz de n é o número de dados de seis faces a serem lançados.

$$T = [\sqrt{n}] \cdot D6$$

O nível tecnológico final na rodada afeta o market share calculado na fase de cálculo. O nível tecnológico é igualado ao final da rodada, durante a fase de fim de ano fiscal. Isso representa a espionagem industrial e a padronização entre as empresas. Assim, a liderança tecnológica de uma rodada não garante necessariamente a liderança nas rodadas posteriores.

A tabela a seguir, resume o número de dados de avanço tecnológico. Embora ela termine em 255 centros de pesquisa, não existem limites para o número destes e você pode extrapolar o resultado com a fórmula anterior.

CENTROS DE PESQUISA	T
1-3	1D6
4-8	2D6
9-15	3D6
16-24	4D6
25-35	5D6
36-48	6D6
49-63	7D6
64-80	8D6
81-99	9D6
100-120	10D6
121-143	11D6
144-168	12D6
169-195	13D6
196-224	14D6
225-255	15D6

Fase 5 – Fase de cálculo

Nessa fase, o professor deve fazer os cálculos financeiros na frente dos alunos, na seguinte ordem:

a. Debitar os investimentos;

b. Cálculo do market share em cada região;

c. Crédito do lucro de vendas.

Os custos de investimentos de fábricas, redes de distribuição e centros de pesquisa são dados pelas fórmulas já apresentadas anteriormente.

O cálculo do market share deve ser feito agora da seguinte forma. Em cada região, o mercado consumirá primeiro os produtos oferecidos com maior tecnologia, depois os com a segunda maior tecnologia, e assim por diante, até atender sua demanda.

Inicie pelo mercado da Austrália e vá fazendo essa conta mercado por mercado, tentando otimizar o envio de produtos fabricados para os mercados onde o grupo conseguirá vender mais produtos, buscando assim otimizar o resultado de cada grupo.

O preço de venda de cada up é de $100.

Exemplo:

Suponha que, em uma região, três jogadores têm redes de distribuição com capacidades de 5, 3 e 2 up, e que os níveis tecnológicos desses concorrentes é de 11, 10 e 12, respectivamente. Suponha também que a demanda do mercado é de 5 up.

Assim, primeiro vende-se os produtos com tecnologia 12, ou seja, 2 up, depois os do jogador com tecnologia 11, mais 3 up. Apesar dele ter capacidade de vender 5 up, o mercado só absorve mais 3 up depois da venda do primeiro jogador com tecnologia 12. Finalmente, chega a vez do jogador com tecnologia 10, mas o mercado não absorve mais nada e ele, portanto, não consegue fazer a venda.

O faturamento na região de cada empresa é de $300, $0 e $200 para as firmas de tecnologia 11, 10 e 12, respectivamente.

Fase 6 – Fase de fim de turno

Feitas as contas, as empresas devem mostrar um capital líquido positivo. Caso mostrem uma receita líquida negativa, devem escolher uma de suas unidades fabris, redes de distribuição ou centros de pesquisa e vender ao banco pela metade do preço de investimento.

Caso ainda não apresentem resultado positivo, devem repetir o processo até estarem positivas ou decretarem falência.

O nível tecnológico é agora igualado. Isso representa a espionagem industrial e a padronização entre as empresas. Assim, a liderança tecnológica de uma rodada não garante necessariamente a liderança nas rodadas posteriores.

DEBRIEFING

Sente com os participantes em um círculo e exponha os temas abaixo em uma conversa informal guiada. Tente fazê-los descrever sua experiência no jogo. As seguintes questões e temas podem ser exploradas:

1. Quanto vale cada companhia?
2. O que você pensou durante o jogo?
3. Como você tomou as suas decisões?
4. Como vocês viam a competição?
5. Que tipo de estratégia você achou viável?
6. Que simplificações o modelo contém?
7. Como o modelo pode ser aperfeiçoado?
8. Que tipo de produtos poderiam ser modelados da mesma forma?
9. O que podemos falar dos temas abaixo com base na experiência:
    - Globalização;
    - Mercado ditado por tecnologia;
    - Rupturas tecnológicas;
    - Investimento em P&D;
    - Análise de investimentos;
    - Mercados emergentes;
    - Ganhos de escala?

Comentários

Este game é uma versão mais sofisticada do jogo dos mercados emergentes (Apêndice A). Ele lida com um mercado relativamente novo e é interessante discutir a história do mercado de computador e como hoje ele está deixando de ser um bem de tecnologia para se tornar um bem de consumo. Este é praticamente o mesmo jogo do livro original, apenas com algumas regras mais claras e precisas e com um escopo de turnos reduzido para cinco turnos.

O jogo tem um modelo que força os jogadores a migrarem de produção em quantidade para qualidade, pois o mercado cresce mais devagar do que a capacidade de produção. Isso permite demonstrar bem a lógica das estratégias genéricas de Porter.

O jogo também permite que os jogadores criem uma transnacional naturalmente, na medida em que os melhores locais para fabricar não são onde se tem mercados e nem onde se tem maior facilidade para criar centros de pesquisa.

Isso permite uma discussão interessante sobre globalização, transnacionais, ganhos de escala, tecnologia e estratégias.

JOGO DOS COMPUTADORES

REGIÃO	MERCADO	F	R	HAL INTL. Fáb	HAL INTL. Dist.	HAL INTL. CPesq	HEWEY-BRACKET (HB) Fáb	HEWEY-BRACKET (HB) Dist.	HEWEY-BRACKET (HB) CPesq	GRAPE COMPUTERS Fáb	GRAPE COMPUTERS Dist.	GRAPE COMPUTERS CPesq	UNIVAC ENT. Fáb	UNIVAC ENT. Dist.	UNIVAC ENT. CPesq
Austrália	-	60	60												
Brasil	-	50	70												
China	-	40	80												
Costa L	5	60	50												
Costa O	5	60	50												
Eur. Oc.	5	60	50												
Eur. Or.*	-	40*	60												
Índia	-	50	70												
Japão	5	40	50												
México	-	50	70												
SE Ásia	-	40	80												
Resultado							$ 250						$ 250		

* Só podem ser instaladas unidades na Eur. Or. a partir do turno 4.

JOGO DOS COMPUTADORES – MAPA E FÓRMULAS

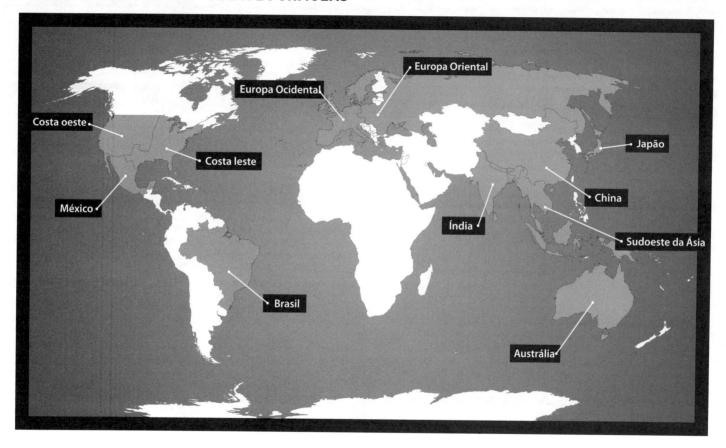

$$C_{fab} = f.F + 20 \quad C_{dist} = 10.D + 20 \quad C_{pesq} = r - n$$

CARTAS DE EXPANSÃO DE MERCADO #1

130 APÊNDICES

CARTAS DE EXPANSÃO DE MERCADO #2

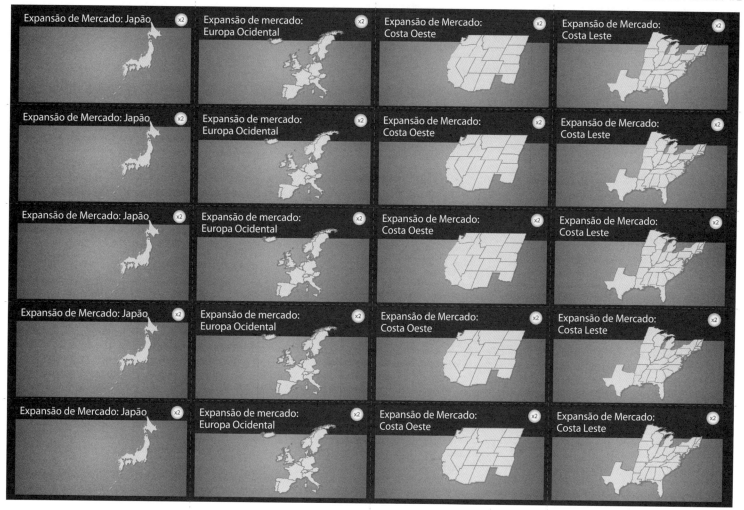

APÊNDICE E: O JOGO DOS COMPUTADORES (GLOBALIZAÇÃO) 131

APÊNDICE F: O JOGO DA GESTÃO DE STAKEHOLDERS

Introdução

O jogo da gestão de stakeholders é um jogo introdutório do tipo RPG para desenvolver de forma simulada a instalação de uma usina hidroelétrica em um país estrangeiro fictício.

Cenário

É o ano de 2015 e sua empresa já tem uma base sólida no Brasil.

Agora, o conselho decidiu que está na hora de internacionalizar e buscar novos mercados pelo mundo. A empresa conseguiu um contrato na Baróvia para construir uma hidroelétrica após uma licitação.

O local da construção fica no leste do país, onde dois afluentes se unem ao Rio Kazan descendo das montanhas, conforme mostra o mapa da Baróvia.

O prazo de entrega coincide com o tempo limite para inauguração antes das eleições. Entretanto, uma avaliação feita pela equipe indicou que o prazo deverá ser adiado devido a protestos locais dos vários stakeholders.

Escala do jogo

- O jogo se passa em duas a três horas de tempo real, que representam de seis meses a um ano de tempo simulado.
- Cada grupo tem 30 milhões de dólares de verba para utilizar.
- Cada unidade monetária ($1) equivale a um milhão de dólares.

- O sucesso das negociações é medido em pontos de gestão (PGs).

- Os PGs são uma medida de ganho mútuo em negociações, indicando que ambas as partes obtiveram sucesso e estão mais próximas e confiáveis.

- Os atrasos das obras são medidos em meses. Cada negociação pode aumentar ou diminuir o tamanho do atraso. Existem diversas cartas de apoio que devem ser impressas, bem como dinheiro da Baróvia, pontos de gestão e cartas de comportamento.

Stakeholders (personagens)

Cada grupo representa uma empresa diferente em um mesmo cenário, isto é, existem vários "mundos paralelos" nos quais as equipes operam. Além dos grupos, existem outros seis stakeholders (personagens) representados por atores: governo local, comunidade local, fornecedores locais, imprensa, ONGs e sindicatos. Cada um deles tem objetivos diferentes e assimétricos.

A descrição pormenorizada de cada stakeholder e seus interesses está representada mais adiante e deve ser impressa separadamente e mostrada somente ao ator que representa o personagem. Os jogadores não devem saber o comportamento dos mesmos, a menos que se tornem amigáveis durante as negociações.

Esses atores são escolhidos dentro do grupo dos alunos para representarem esses personagens.

Situação inicial

Cada grupo começa com 60 meses de atraso, que, inicialmente, não sabem de onde vem, nenhum PG e $30.

A imprensa, os fornecedores locais, a comunidade local, as ONGs e os sindicatos são hostis inicialmente. O governo local está hostil com as perspectivas de atraso.

Distribua para cada grupo:

1. 10 fichas de 6 meses de atraso;
2. $30;
3. Zero pontos de gestão (PG);
4. Nenhuma carta de acordo/empregos;
5. Nenhuma carta de atividade;
6. Uma carta de recurso: dados sobre obra;
7. Duas cartas de efeito: dano total ao ambiente; total impacto na comunidade
8. Cinco cartas de comportamento: hostil (uma de cada ator exceto governo);
9. Um mapa dos stakeholders para acompanhamento.

Processo do jogo

O jogo se inicia com cada grupo podendo falar com um ator. São vários grupos e seis atores. Em teoria, todos têm o que fazer, e não há uma ordem melhor para negociar.

Os grupos podem fazer o vai e vem de rodadas de negociação quantas vezes quiserem.

Cinco dos stakeholders são representados por alunos e o governo é representado pelo professor.

Debriefing

Após duas a três horas de aplicação, interrompa o jogo e faça o debriefing.

Próximo ao final do tempo, interrompa o jogo e leve em conta o atraso de cada grupo para calcular os PGs vindos do governo.

Faça um diagrama dos PGs e do atraso de cada um dos grupos para ser utilizado no debriefing.

Discuta com o grupo sobre os temas de gestão de stakeholders e negociação.

Mapa da Baróvia

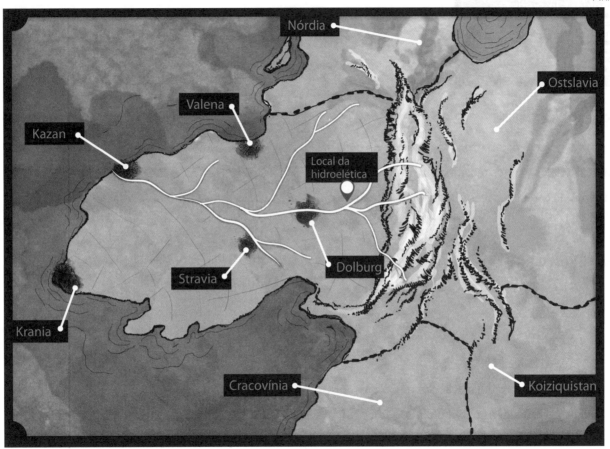

Descrição

O personagem representa os quatro jornais locais da Baróvia. O maior interesse deles é obter receita com anúncios.

A situação inicial de cada grupo está marcada em **negrito**.

Objetivos

- Anúncios: **$0 = 0 PGs**

    $1 = 3 PGs

    $2 = 6 PGs

    $3 = 9 PGs

    $4 = 12 PGs

- Informação: dar toda a informação sobre a obra = 4 PGs
- Oposição ao governo: caso não tenham obtido pelo menos 10 PGs em anúncios

7-9 PGs → 6 meses de atraso

4-6 PGs → 12 meses de atraso

0-3 PGs → 18 meses de atraso

Comportamento

- 0-9 PGs – Hostil
- 10-19 PGs – Amigável
- 20+ PGs – Aliado

Descrição

Este personagem representa diversos fornecedores locais de materiais e máquinas, em sua maioria empresas de médio porte. Eles temem que sejam trazidas empresas e material estrangeiros.

Sua prioridade é garantir exclusividade. Enquanto não conseguirem o que querem, pressionarão o governo local e jogarão a população local contra a empresa.

Atender suas necessidades implica em atrasos crescentes, na medida em que mais tempo é gasto para atender os requisitos. Até obterem pelo menos 10 PGs, eles pressionarão o jogador. A situação inicial de cada grupo está marcada em **negrito**.

Objetivos

- Exclusividade: **Sem exclusividade = 0 PGs**

    Garantir exclusividade = 10 PGs + atraso de 6 meses

- Conteúdo nacional: **0% de conteúdo nacional = 0 PGs**

    20% de conteúdo nacional = 5 PGs + atraso de 6 meses

    50% de conteúdo nacional = 10 PGs + atraso de 12 meses

- Tecnologia: **Transferência zero = 0 PGs**

    Transferência parcial = 5 PGs + atraso de 6 meses

    Transferência completa = 15 PGs + atraso de 12 meses

Comportamento

- 0-9 PGs – Hostil
- 10-19 PGs – Amigável
- 20+ PGs – Aliado

Descrição

Este personagem representa diversas pequenas vilas que vivem nas margens do rio. Elas existem desde a Idade Média e vivem de caça, pesca e lavoura. As comunidades também precisam de infraestrutura. Manter seu modo de vida e obter infraestrutura são sua prioridade.

Enquanto não obtiverem pelo menos uma redução no impacto de sua rotina, atrapalharão a obra causando atrasos. Porém, para causar zero impacto, será necessário atrasar as obras em parte.

Até obterem pelo menos 10 PGs, eles pressionarão o jogador. A situação inicial de cada grupo está marcada em **negrito**.

Objetivos

- Menor impacto na comunidade: Zero impacto = $8 → 12 PGs + 6 meses de atraso

    Baixo impacto = $5 → 8 PGs

    Médio impacto = $3 → 4 PGs

    Alto impacto = $1 → 2 PGs + 6 meses de atraso

    Total Impacto = $0 → 12 meses de atraso

- Geração adicional de emprego: **0 empregos = $0 → 0 PGs**

    5000 empregos = $1 → 4 PGs

    10000 empregos = $2 → 7 PGs

    15000 empregos = $3 → 9 PGs

- Preservação do modo de vida: caça e pesca = $2 → 10 PGs

- Infraestrutura: Escola, hospital e saneamento = $3 → 9 PGs

Comportamento

- 0-9 PGs – Hostil
- 10-19 PGs – Amigável
- 20+ PGs – Aliado

Descrição

Este personagem representa quatro ONGs locais.

Suas prioridades são preservar o ambiente e receber doações.

Enquanto não reduzirem os danos, gerarão atrasos na obra e incitarão a opinião pública contra a empresa.

A preservação dos sítios arqueológicos pode gerar atraso, mas estes podem ser concomitantes.

Objetivos

- Preservação do ambiente: Zero dano = $12 → 15 PGs + 6 meses de atraso

    Baixo dano = $9 → 10 PGs

    Médio dano = $6 → 5 PGs

    Alto dano = $4 → 2 PGs + 6 meses de atraso

    Dano total = $0 → 18 meses de atraso

- Preservação arqueológica: **Nenhuma preservação = $0 → 0 PGs**

    Ruína medieval = $3 → 5 PGs + 6 meses de atraso

    Ruína neolítica = $3 → 4 PGs + 6 meses de atraso

    Sítio paleontológico = $3 → 3 PGs + 6 meses de atraso

- Doações: $1 = 3 PGs

    $2 = 6 PGs

    $3 = 9 PGs

Comportamento

- 0-9 PGs – Hostil
- 10-19 PGs – Amigável
- 20+ PGs – Aliado

Descrição

Este personagem representa os diversos sindicatos da Baróvia.

Eles querem mais empregos, melhores salários, segurança e obras em seu clube.

Objetivos

- Geração de emprego: **0 empregos = \$0 → 0 PGs**

    5000 empregos = \$1 → 1 PGs

    10000 empregos = \$2 → 2 PGs

    15000 empregos = \$3 → 3 PGs

- Aumento de salário: **Nenhum = \$0 → 12 meses de atraso**

    Pequeno = \$1 → 5 PGs

    Médio = \$2 → 10 PGs

    Alto = \$3 → 15 PGs

- Mínimos de acidente: **Segurança = \$1 → 5 PGs**
- Clube: Normal = \$2 → 9 PGs

    Grande = \$3 → 12 PGs

Comportamento

- 0-9 PGs – Hostil
- 10-19 PGs – Amigável
- 20+ PGs – Aliado

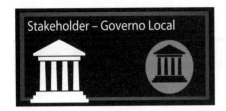

Descrição

Este personagem representa o governo federal da Baróvia.

Ele é representado pelo professor e só atua no fechamento do jogo.

A maior prioridade é não ter atraso demais na obra.

O governo subornou parlamentares para aprovar o projeto, mas esse escândalo ainda não foi revelado.

Objetivos

- Entrega no prazo:0 meses de atraso = 70 PGs

    6 meses de atraso = 65 PGs

    12 meses de atraso = 60 PGs

    18 meses de atraso = 50 PGs

    24 meses de atraso = 40 PGs

    30 meses de atraso = 25 PGs

    36 meses de atraso = 10 PGs

    42 meses de atraso ou mais = 0 PGs

Comportamento

- 0-24 PGs – Hostil
- 25-59 PGs – Amigável
- 60+ PGs – Aliado

CARTAS DE APOIO AO JOGO

Atividade	Atividade	Atividade	Atividade
Preservação de ruína medieval	Preservação de ruína neolítica	Preservação de sítio paleontológico	Preservação da caça e pesca
Custo $3 → 5 PGs + 6 meses de atraso	Custo $3 → 4 PGs + 6 meses de atraso	Custo $3 → 3 PGs + 6 meses de atraso	Custo $2 → 10 PGs

Atividade	Atividade	Atividade	Recurso
Construção de um clube normal	Construção de um clube grande	Construção de escola, hospital e saneamento	Dados sobre a obra
Custo $2 → 9 PGs	Custo $3 → 12 PGs	Custo $3 → 9 PGs	

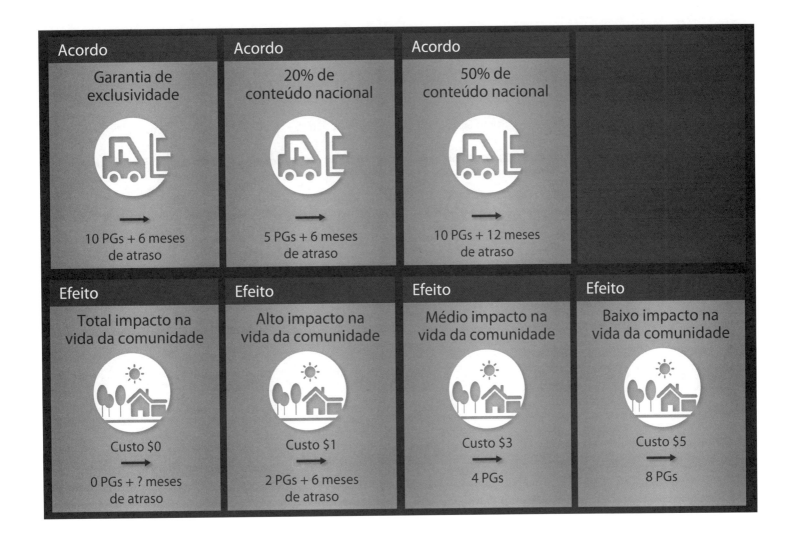

APÊNDICE F: O JOGO DA GESTÃO DE STAKEHOLDERS   145

Efeito	Empregos	Empregos	Empregos
Zero impacto na vida da comunidade	Geração adicional de empregos	Geração adicional de empregos	Geração adicional de empregos
Custo $8 → 0 PGs + ? meses de atraso	Custo $1 → 5.000 empregos	Custo $2 → 10.000 empregos	Custo $3 → 15.000 empregos

Efeito	Efeito	Efeito	Efeito
Dano total ao ambiente	Alto dano ao ambiente	Médio dano ao ambiente	Baixo dano ao ambiente
Custo $0 → 0 PGs + ? meses de atraso	Custo $4 → 2 PGs + 6 meses de atraso	Custo $5 → 5 PGs	Custo $9 → 10 PGs

Efeito	Empregos	Empregos	Empregos
Zero dano ao ambiente Custo $12 → 15 PGs + 6 meses de atraso	Pequeno aumento de salário Custo $1 → 5 PGs	Médio aumento de salário Custo $2 → 10 PGs	Alto aumento de salário Custo $3 → 15 PGs

Acordo	Acordo	Acordo
Transferência parcial de tecnologia 5 PGs + 6 meses de atraso	Transferência completa de tecnologia 15 PGs + 12 meses de atraso	Garantia de segurança do trabalho Custo $5 → 5 PGs

Atraso	Atraso	Atraso	Atraso
6 meses de atraso	6 meses de atraso	6 meses de atraso	6 meses de atraso
Atraso	Atraso	Atraso	Atraso
6 meses de atraso	6 meses de atraso	6 meses de atraso	6 meses de atraso
Atraso	Atraso	Atraso	Atraso
6 meses de atraso	6 meses de atraso	6 meses de atraso	6 meses de atraso
PG	PG	PG	PG
1	2	5	10
PG	PG	PG	PG
1	2	5	10

Banco da Baróvia	Banco da Baróvia	Banco da Baróvia	Banco da Baróvia
$1	$2	$5	$10
Banco da Baróvia	Banco da Baróvia	Banco da Baróvia	Banco da Baróvia
$1	$2	$5	$10
Banco da Baróvia	Banco da Baróvia	Banco da Baróvia	Banco da Baróvia
$1	$2	$5	$10
Banco da Baróvia	Banco da Baróvia	Banco da Baróvia	Banco da Baróvia
$1	$2	$5	$10
Banco da Baróvia	Banco da Baróvia	Banco da Baróvia	Banco da Baróvia
$1	$2	$5	$10

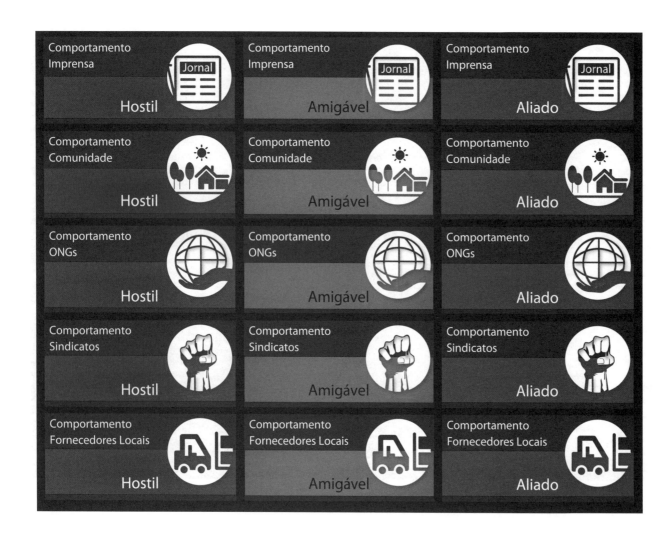

APÊNDICE G: INTRODUÇÃO À TEORIA DOS JOGOS

Para a teoria dos jogos, a interação entre dois indivíduos é sempre feita sob a forma de um jogo no qual ambas as partes devem tomar decisões baseadas nas informações disponíveis para si, tentando obter o máximo resultado possível. Isto é, os indivíduos são egoístas e desejam o melhor para si, independente dos demais envolvidos. Contudo, são capazes de perceber que os outros também estão maximizando seus próprios resultados e podem se valer disso em suas decisões. Assim sendo, a teoria dos jogos é uma ferramenta analítica para entender como se processam as decisões e os processos mentais de decisores (Ordeshook, 1986; Osborne e Rubinstein, 1994).

Existem algumas definições básicas antes de vermos o nosso primeiro jogo:

1. Jogo estratégico – É um jogo resolvido em uma única jogada

    Ex.: par ou ímpar

2. Jogo extensivo – É um jogo resolvido em mais de uma jogada

    Ex.: xadrez

3. Jogo de informação completa – É um jogo onde todas as informações são conhecidas

    Ex.: xadrez

4. Jogo de informação incompleta – É um jogo onde nem todas as informações são conhecidas

    Ex.: pôquer

5. Jogo de soma positiva – Jogo onde a soma dos ganhos (e perdas) dos jogadores é positiva

   Ex.: comércio internacional

6. Jogo de soma zero – Jogo onde a soma dos ganhos (e perdas) dos jogadores é zero

   Ex.: pôquer

7. Jogo de soma negativa – Jogo onde a soma dos ganhos (e perdas) dos jogadores é negativa

   Ex.: guerra

8. Jogo de ganha-ganha – Jogo onde todos ganham. Todo jogo de ganha-ganha é um jogo de soma positiva.

9. Jogo de perde-perde – Jogo onde todos perdem. Todo jogo de perde-perde é um jogo de soma negativa.

Postas essas definições, imaginemos o nosso primeiro jogo, o chamado "jogo do prisioneiro" ou "dilema do prisioneiro". Dois prisioneiros são suspeitos de um crime e colocados em celas separadas. Se ambos confessam, cada um deles será condenado a quatro anos de prisão. Se apenas um confessa, ele será condenado a um ano de prisão e usado como testemunha contra o outro, que será condenado a cinco anos de prisão. Se nenhum deles confessar, ambos serão condenados por um crime menor e pegarão apenas dois anos de prisão.

A Figura G1 mostra, em forma de matriz, as opções em termos de pontos, isto é, quanto menor a pena, maior o número de pontos ganhos por um dos jogadores. Mais precisamente, os pontos representam os anos de liberdade em relação à pena máxima de cinco anos.

O jogador do "lado" é chamado de jogador 1 e o jogador de "cima" é chamado de jogador 2. A pontuação é expressa por um par ordenado do tipo X, Y, onde X é a pontuação do jogador 1 e Y é a pontuação do jogador 2.

Observe que o melhor resultado para o conjunto é que ambos não confessem (3,3). No entanto, esse não é o melhor resultado individualmente, isto é, existem incentivos para a cooperação, mas também existem incentivos para o individualismo.

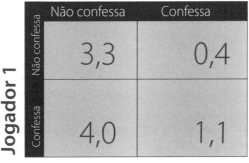

FIGURA G1 – O JOGO DO PRISIONEIRO

Se um jogador (o jogador 1, por exemplo) não souber qual é a decisão do outro, ele raciocinará da seguinte forma. Se o outro jogador não confessou, ele pode optar por ganhar três ou quatro pontos. Sendo melhor ganhar quatro pontos, ele preferiria confessar. Por outro lado, se o outro jogador confessou, ele pode optar por ganhar um ou zero pontos. Sendo melhor ganhar um ponto, ele também preferiria confessar. Como em ambos os casos foi melhor confessar, independentemente da escolha alheia, é melhor confessar.

Como o jogo é simétrico, o resultado esperado é que ambos confessem (1,1), o que não é o melhor resultado para nenhum deles, mas também não é o pior resultado. Da otimização individual surgiu um resultado muito ruim para ambos. A definição do "equilíbrio de Nash" mais comumente usada é a de um "regime continuado" ou uma "solução natural". Isto é, se ambos os jogadores forem racionais, as soluções serão sempre as mesmas, e essa solução é o equilíbrio de *Nash*. Nesse caso, o equilíbrio de *Nash* é a confissão de ambos.

Se os prisioneiros pudessem combinar, eles certamente escolheriam não confessar. Ainda que isso também não resultasse no melhor resultado para nenhum deles, nem no pior resultado, seria um resultado melhor para ambos. Isto é, nesse caso, a solução não tão boa para cada indivíduo resulta em uma solução ótima para o conjunto. No caso de haver comunicação, o equilíbrio de *Nash* muda e nenhum deles confessa.

Existem diversas situações no mercado que se assemelham ao dilema do prisioneiro. Negociações de preço, investimentos em tecnologia, comunicação e treinamento são alguns dos exemplos mais importantes.

No caso de duas empresas estabelecendo seus preços para serviços ou produtos, temos uma situação análoga ao dilema do prisioneiro. Se ambas baixam seus preços, não há vantagem competitiva para nenhuma das empresas, apenas a perda de margem de lucratividade. A melhor situação para ambas seria manter o preço alto. No entanto, a tentação de curto prazo para abaixar o preço faz com que a estratégia dominante seja a de preços baixos.

A inovação tecnológica também é uma situação análoga. Se nenhuma das duas empresas investe em tecnologia, nenhuma obtém vantagem competitiva e ambas se mantêm no mesmo patamar tecnológico. Porém, se uma delas investe em tecnologia, esta obtém uma vantagem de curto prazo, o que força a outra empresa a também investir em tecnologia. Dessa forma, novamente surge a estratégia dominante de investimento em tecnologia.

Da mesma forma, o investimento em treinamento e comunicação é análogo ao de tecnologia e ao dilema do prisioneiro. Se nenhuma empresa faz essa aplicação, as duas se mantêm no mesmo patamar competitivo, mas ambas têm uma vantagem de curto prazo para fazer tal investimento, o que, mais uma vez, leva ao equilíbrio de *Nash* por ambas as partes.

Pode-se perceber que surge uma evolução conjunta, ou coevolução, isto é, a evolução de uma empresa força a evolução da outra. Esse fenômeno é, por vezes, chamado de "efeito da dama de copas" ("Red Queen Effect", *"Red Queen Behavior"*, *"Red Queen Principle" ou "Red Queen Hypothesis"*) e foi originalmente desenvolvido na biologia para explicar a coevolução. Tal termo foi cunhado por Leigh Van Valen em 1973.

Dois organismos evoluem em conjunto, tentando superar um ao outro, e a evolução de um força a evolução do outro. O resultado é que ambos continuam em patamares de competitividade iguais, embora tenham evoluído. Organismos isolados desse ciclo que venham a entrar em contato com os organismos que coevoluíram estarão menos aptos a sobreviver e têm uma maior probabilidade de serem extintos, e, se não o forem, terão de coevoluir se adaptando à presença dos outros organismos.

O próximo jogo importante da teoria dos jogos é o jogo "pombos e falcões" ou jogo da "galinha" (em inglês, *chicken* também é uma gíria para medroso), ou o jogo da guerra termonuclear ou jogo do cartel. Nesse jogo, um dos jogadores tenta intimidar o outro. Todos já vimos em filmes dois adolescentes em carros esportivos correndo um em direção ao outro e quem desviar por medo da colisão é o perdedor. Se ambos continuam sem desviar, ocorre uma colisão frontal e ambos se acidentam. Se ambos desviam, ninguém ganha, mas, afora parecerem dois idiotas, ninguém perde. Se apenas um desvia, este perde e o outro ganha. A Figura G2 mostra, em forma de matriz, as opções em termos de pontos usando o mesmo sistema da Figura G1 (Ordeshook, 1986; Osborne e Rubinstein, 1994).

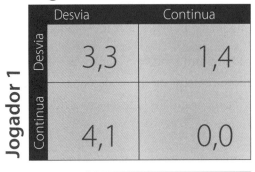

Figura G2 – O Jogo da "Galinha"

Aqui a situação é diferente. Se o jogador 1 não sabe qual é a decisão do outro jogador, sua análise se dá da seguinte maneira. Supondo que o jogador 2 desviará, ele pode escolher entre ganhar três ou quatro pontos. Nesse caso, ganhar quatro pontos é melhor, o que resulta na escolha por continuar. Por outro lado, se o jogador 2 estiver disposto a decidir por continuar, sua escolha será entre um ou zero pontos e, para ganhar um ponto, a decisão será por desviar. Assim sendo, as decisões mudam de acordo com a decisão do outro jogador. A melhor opção é escolher a decisão "inversa" à do outro jogador. Aqui existem dois equilíbrios de *Nash* (1,4 e 4,1).

Se o jogo da "galinha" for continuado, isso resulta em um equilíbrio dinâmico. Esse é também o caso do jogo do cartel, exemplificado a seguir. A Figura G3 mostra o jogo do cartel. Observe que a pontuação é a mesma do jogo da "galinha", apenas com decisões diferentes. Se, inicialmente, ambos os jogadores estão fora do cartel, ambos ganham zero pontos, pois existe um excesso de oferta e os preços caem. Logicamente, ambos se reúnem e decidem criar um cartel, de modo que passam a ficar "dentro" do cartel e ganham três pontos cada, o que é maior do que zero para ambos.

Eventualmente, a tentação de ganhar quatro pontos em vez de três é grande demais para um dos jogadores e este acaba saindo do cartel, o que resulta em um dos pontos de desequilíbrio (4,1 ou 1,4).

Nessa nova situação, o outro jogador ainda tem a perder, saindo também do cartel, pois passaria de um para zero pontos. No entanto, essa é a única forma de convencer o jogador 1 a voltar ao cartel, o que resulta na quebra total do cartel (0,0) e em sua reformação (3,3). Forma-se assim um equilíbrio dinâmico, conforme mostrado na Figura G3.

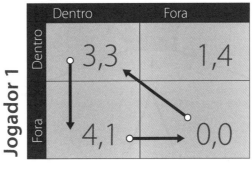

Figura G3 – O Jogo do Cartel

O último jogo que exploraremos neste texto é o do navio pirata. Nesse, dois participantes têm de, juntos, resgatar duas barras de ouro de um navio pirata afundado. As barras só podem ser resgatadas com a colaboração de ambos. Se um deles não cooperar, ninguém fica com as barras de ouro. Assim sendo, é jogado em dois lances. Um dos jogadores propõe a divisão e o outro aceita ou não. Esse é um jogo chamado de extensivo, pois tem mais de uma jogada. A Figura G4 resume as opções.

Nesse caso, a análise procede da seguinte forma. O jogador 1 pode propor ficar com duas, uma ou nenhuma das barras de ouro e as restantes ficam com o jogador 2. Ele analisa que, se propuser ficar com as duas (perna da esquerda), o jogador 2 não terá nenhum incentivo para cooperar, pois ficará com nenhuma barra, independentemente de cooperar ou não. Se ele propuser ficar com nenhuma (perna da direita), ele próprio não terá nenhum benefício para cooperar. Assim, a melhor escolha é propor uma divisão meio a meio, com cada um ficando com uma (perna central). Assim, ambos têm um incentivo para cooperar. O resultado 1,1 é o equilíbrio de *Nash*.

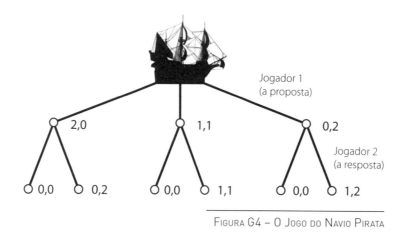

Figura G4 – O Jogo do Navio Pirata

Aqui temos um exemplo típico de uma negociação. O negócio é bom quando favorece os dois. Ambos têm algo a ganhar, mas nenhum deles obtêm o melhor resultado possível para ambos.

A Figura G5 mostra, em termos de gráfico cartesiano, a escolha e o equilíbrio de *Nash* no ponto de cruzamento da mediana dos dois extremos com a linha que une os dois extremos, também chamada de "linha de contrato".

Existem vários outros jogos na literatura (Ordeshook, 1986; Osborne e Rubinstein, 1994), mas o nosso objetivo aqui é apenas dar uma introdução à teoria dos jogos, sem entrar demais nos formalismos matemáticos da mesma.

No mundo real, entretanto, é preciso estimar os valores com os quais estamos lidando nas situações da teoria dos jogos, o que nos leva até a teoria da decisão, onde poderemos estudar como estabelecer valores para os "nossos jogos" de negociação e também entender como os indivíduos tomam decisões, o que nos levará, eventualmente, à teoria da utilidade.

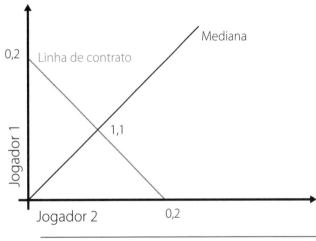

FIGURA G5 – GRÁFICO CARTESIANO DO JOGO DO NAVIO PIRATA

APÊNDICE G: INTRODUÇÃO À TEORIA DOS JOGOS   159

APÊNDICE H: INTRODUÇÃO À TEORIA DA DECISÃO

A teoria da decisão estuda como se deve proceder perante uma escolha, como avaliar suas possibilidades e seus resultados. Tal estratégia nos dará subsídios para estabelecer os limites de cada decisão em uma negociação. Sabendo até onde se pode negociar será fundamental para a preparação de uma reunião de negócios.

- Novamente, começaremos com algumas definições:

- **Estado da natureza (θ)** – É uma descrição completa dos fatores externos que independe do decisor. O estado da natureza é geralmente desconhecido pelo decisor, que tem de estimar quais dos vários estados (θ_i) será o verdadeiro ou quais as probabilidades de cada um ser verdadeiro.

- **Estado-verdade** – É o estado da natureza que realmente ocorre.

- **Decisão (a)** – É uma descrição completa dos fatores que dependem do decisor, ou seja, é a sua decisão. Existem várias decisões possíveis (a_i) e o decisor escolhe uma delas.

- **Tabela de decisão (Θ)** – É o espaço definido por todas as decisões e estados da natureza possíveis. A quantificação dos resultados é chamada de função lucro (ou perda) e definida como $L(\theta,a)$.

- **Decisão sob certeza** – É uma decisão tomada quando se tem certeza de qual é o estado-verdade dentre os vários estados possíveis.

- **Decisão sob estrita incerteza** – É uma decisão tomada quando não se sabe qual é o estado-verdade dentre os vários estados possíveis e não se sabe qual é a probabilidade de cada estado se tornar o estado-verdade.

- **Decisão sob risco** – É uma decisão tomada quando não se sabe qual é o estado-verdade dentre os vários possíveis, mas são conhecidas as probabilidades de que cada estado se torne o estado-verdade.

Vejamos agora exemplos que esclarecerão essas definições e como se deve proceder em cada caso. Imaginemos que um investidor possa optar por colocar seu dinheiro em quatro portfólios de investimento diferentes e que existam cinco estados da natureza possíveis, de forma que surge a Tabela H1 de decisão.

TABELA H1 – EXEMPLO DE TABELA DE DECISÃO

		\multicolumn{5}{c}{ESTADOS DA NATUREZA}
		Θ_1	Θ_2	Θ_3	Θ_4	Θ_5
DECISÕES	a_1	0	8	8	8	7
	a_2	9	1	4	3	2
	a_3	7	6	5	8	3
	a_4	4	4	4	4	4

- **Decisão sob certeza** – Imaginemos, inicialmente, que estamos tomando uma decisão sob certeza, isto é, sabemos que um determinado estado da natureza é o estado-verdade, digamos, por exemplo, Θ_3. Assim, a decisão é fácil, basta encontrar o maior valor dentro da coluna, o que corresponderá a melhor decisão; nesse caso, a_1. Em termos matemáticos, isso significa encontrar a decisão a_i que maximiza o valor de L (a_i, Θ_3) ou, mais genericamente, L (a_i, Θ_v).

- **Decisão sob estrita incerteza** – Passemos agora ao caso em que não sabemos o estado-verdade, nem as probabilidades relativas aos mesmos. A literatura (Fabrycky e Thuesen, 1974) nos indica quatro possibilidades distintas de resolver a situação, sendo elas os critérios de: *Wald* (pessimista), *Hurwicz* (otimista), *Savage* (arrependimento) e *Laplace* (razão insuficiente). Veja a seguir cada um deles:

- **Critério de Wald** – Esse critério tem por princípio que, independente de sua escolha, ocorrerá o estado da natureza mais desfavorável para a sua decisão, de forma que se deve escolher a decisão cujo resultado for máximo entre os piores possíveis. No nosso caso, os piores resultados de cada decisão seriam 0, 1, 3 e 4, respectivamente. Escolheríamos, portanto, a_4, pois seu resultado é o máximo entre os mínimos (4). Em termos matemáticos, estamos encontrando a_i tal que maximizemos o mínimo de L (a_i, θ_j). Isso também é chamado de critério max-min. Esse critério é extremamente pessimista.

- **Critério de Hurwicz** – Esse critério tem por princípio que, independente de sua decisão, ocorrerá o estado da natureza mais favorável para a sua decisão, de forma que se deve escolher a decisão cujo resultado for máximo entre os melhores possíveis. No nosso caso, os melhores resultados de cada decisão seriam 8, 9, 8 e 4, respectivamente. Escolheríamos, portanto, a_2, pois seu resultado é o máximo entre os máximos (9). Em termos matemáticos, estamos encontrando a_i tal que maximizemos o máximo de L (a_i, θ_j). Isso também é chamado de critério max-max. Esse critério é extremamente otimista.

- **Critério de Laplace** – Nesse critério, pressupomos que as probabilidades de ocorrência de cada estado são iguais, fazemos uma média dos resultados e depois escolhemos o máximo dentre as médias. No nosso exemplo, as médias são 31/5, 19/5, 29/5 e 20/5, ou seja, o máximo dentre elas é 31/5 (ou 6,2), correspondente a a_1.

- **Critério de Savage** – Este critério parte do princípio que um menor arrependimento gera uma melhor decisão. Assim, o arrependimento se resume a diferença entre o resultado dessa decisão e o que poderia ter sido no momento em que o estado da natureza se mostrava estado-verdade. Para isso, é preciso redefinir a tabela de decisão criando uma tabela como mostrado na Tabela H2. Os valores originais estão fora dos parênteses e os arrependimentos estão dentro. O objetivo é minimizar o arrependimento verificando seu máximo em cada decisão e então, identificando qual o menor dentre eles. Nesse caso, os arrependimentos máximos são 9, 7, 4 e 5, o que nos leva a optar por a_3. Essa opção não maximiza o resultado, apenas garante que não nos arrependeremos em mais de 4. Assim, estamos minimizando o máximo da função de arrependimento.

TABELA H2 – EXEMPLO DE TABELA DE ARREPENDIMENTO

		ESTADOS DA NATUREZA				
		Θ_1	Θ_2	Θ_3	Θ_4	Θ_5
DECISÕES	a_1	0 (9)	8 (0)	8 (0)	8 (2)	7 (0)
	a_2	9 (0)	1 (7)	4 (4)	3 (5)	2 (5)
	a_3	7 (2)	6 (2)	5 (3)	8 (0)	3 (4)
	a_4	4 (5)	4 (4)	4 (4)	4 (4)	4 (3)

Observe que, no nosso exemplo, cada critério levou a uma decisão diferente. Isso representa que pessoas diferentes têm critérios diferentes de escolha e, portanto, perfis de tolerância ao risco diferentes, algo que veremos novamente na teoria da utilidade.

- **Decisão sob risco –** Vamos ao último caso, no qual o decisor sabe as probabilidades de cada estado da natureza se tornar o estado-verdade. Se tais probabilidades forem iguais, cairemos novamente no critério de *Laplace* da decisão sob estrita incerteza. No caso da decisão sob risco, faremos uma média ponderada utilizando as probabilidades como peso na nossa ponderação.

Imaginemos que, no nosso exemplo anterior, as probabilidades fossem de 40%, 30%, 10%, 10% e 10%, respectivamente, para cada um dos estados da natureza. A nossa média ponderada (ou esperança) seria de:

- $a_1 = (0{,}4 \times 0) + (0{,}3 \times 8) + (0{,}1 \times 8) + (0{,}1 \times 8) + (0{,}1 \times 7) = 4{,}7$

- $a_2 = (0{,}4 \times 9) + (0{,}3 \times 1) + (0{,}1 \times 4) + (0{,}1 \times 3) + (0{,}1 \times 2) = 4{,}8$

- $a_3 = (0{,}4 \times 7) + (0{,}3 \times 6) + (0{,}1 \times 5) + (0{,}1 \times 8) + (0{,}1 \times 3) = 6{,}2$

- $a_4 = (0{,}4 \times 4) + (0{,}3 \times 4) + (0{,}1 \times 4) + (0{,}1 \times 4) + (0{,}1 \times 4) = 4$

Assim, a melhor escolha é a_3, pois tem a maior média ponderada. Se, entretanto, alterarmos as probabilidades de cada estado da natureza se tornar o estado-verdade, as melhores decisões mudarão.

Pergunte-se agora, mesmo após todos os critérios mostrados e mesmo sabendo as probabilidades de cada estado se tornar o estado-verdade, qual seria a sua decisão. Será que você tem um perfil de maior aversão ao risco ou maior propensão ao risco? Antes de investigarmos esse ponto mais a fundo, estudaremos as árvores de decisão, que são um aprofundamento do estudo de decisão sob risco.

Uma árvore de decisão é um diagrama que representa decisões tomadas "em cascata", isto é, uma decisão que leva a outra, que leva a outra, e assim por diante. Pressupõe-se saber de todas as probabilidades de ocorrência de cada evento ao longo da árvore. Veja o seguinte exemplo, que é uma típica decisão de "fazer ou comprar" (*make or buy*). A árvore de decisão é representada na Figura H1 e as decisões estão sob a forma de quadrados e os estados da natureza incontrolados estão sob a forma de círculos.

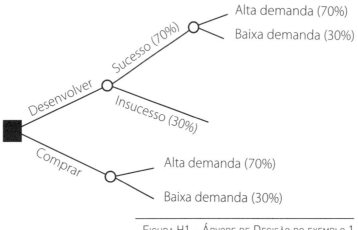

FIGURA H1 – ÁRVORE DE DECISÃO DO EXEMPLO 1

Exemplo resolvido 1:

Uma empresa deseja entrar no mercado de farmacêuticos, mas, para isso, precisa adquirir uma nova tecnologia, que pode ser comprada (R$ 5 milhões) ou desenvolvida (R$ 2 milhões). O desenvolvimento tem apenas 70% de probabilidade de resultar positivamente. Caso o produto entre em produção, seja através da compra da patente ou através de sucesso no desenvolvimento, serão necessários mais R$ 5 milhões para instalar a planta de manufatura.

A demanda pode vir a ser alta (70% de probabilidade), caso em que se venderá cerca de R$ 14 milhões do produto, ou baixa (30% de probabilidade), caso em que se venderá apenas R$ 10 milhões.

Observando os dados acima e a partir da árvore de decisão montada abaixo, explique qual seria a sua decisão (desenvolver ou comprar a patente) e justifique.

Solução do exemplo 1:

Todas as árvores de decisão são resolvidas da direita para a esquerda. Inicialmente, calcularemos a previsão de demanda prevista para cada caso através de uma média ponderada.

- Demanda = (0,7 x 14) + (0,3 x 10) = 9,8 + 3 = 12,8

Assim, é possível reduzir a nossa árvore de decisão conforme a Figura H2 mostra. Os resultados foram obtidos somando a receita e subtraindo as despesas com a aquisição ou desenvolvimento do produto e com a instalação da planta fabril.

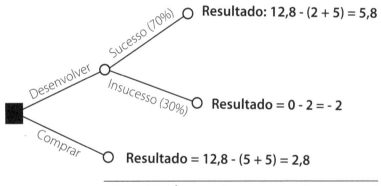

Figura H2 – Árvore de Decisão reduzida (primeiro passo)

Novamente, obteremos o resultado esperado do desenvolvimento a partir de mais uma média ponderada entre o sucesso e o insucesso do desenvolvimento.

- Resultado = (0,7 x 5,8) + (0,3 x (-2)) = 3,46

Isso reduz ainda mais a nossa árvore a decidir entre obter um retorno de R$3,46 milhões (desenvolver) ou de apenas R$2,8 milhões (comprar). Assim sendo, é preferível desenvolver o produto.

Observe que, ainda com esses cálculos, existirão decisores que preferirão comprar a patente para não correr o risco de perder dinheiro. Os cálculos ajudam a balizar a decisão, mas, no final das contas, existe sempre o fator emocional por trás das decisões. Somos seres racionais e emotivos ao mesmo tempo, e essa discussão é bastante frequente em textos de marketing.

Um outro ponto importante é que, uma vez que a patente não foi comprada, ela está "cara". Uma redução de preço da patente pela diferença entre os ramos da árvore igualaria o resultado das mesmas e, portanto, seria melhor comprar para eliminar a incerteza e diminuir a variação no resultado. Podemos, então, estabelecer um critério para definir o quanto vale a patente de fato.

Como a probabilidade de sucesso ou insucesso cria valores diferentes no ramo superior da árvore, a diferença entre os ramos varia de observador para observador. Variando, também, o valor da patente de um para o outro. Isso mostra como funciona a assimetria de valor em função do observador, ou seja, os objetos não têm um valor próprio, e sim, um valor atribuído.

Enquanto a economia supõe que o ser humano é infinitamente racional, o marketing supõe que essa racionalidade é limitada (*Bagozzi*, 1975). Nota-se nos vários paradoxos existentes neste campo, tais como o Paradoxo de Allais, Condorcet e São Petersburgo (*Cyert e DeGroot*, 1987; *Kahneman e Tversky*, 1979; *Ordeshook*, 1986; *Kahneman e Tversky*, 1979), que nos mostram que as probabilidades baixas são superestimadas. Justificando em parte, comportamentos muito otimistas ou pessimistas. Estes, serão apresentados nos critérios de *Wald e Hurwicz* para a decisão sob estrita incerteza e como, na prática, a racionalidade ilimitada é questionável.

Entraremos agora no campo da teoria da utilidade, que nos ajudará a perceber como decisões são tomadas e como podemos nos aproveitar disso para negociar e estabelecer limites em uma negociação.

APÊNDICE I: INTRODUÇÃO À TEORIA DA UTILIDADE

A teoria da utilidade diz que seres humanos não associam valores de forma linear aos dados que encontram no mundo, isto é, a percepção do mundo não é linear.

Desta forma se associa a cada valor (x) uma utilidade deste valor dado pela função utilidade (u(x)). Esta função pode assumir qualquer aspecto, fórmula ou formato dependendo de que valor estamos falando. Porém, usualmente surge como exemplo uma função côncava que se chama de curva de retornos decrescentes ou mesmo, uma semi-hipérbole invertida chamada de curva de aprendizado.

Vejamos inicialmente a curva de retornos decrescentes. Suponha que estamos lidando com a utilidade do dinheiro. Inicialmente se esperaria que a curva de utilidade fosse linear, isto é, qualquer aumento de valor monetário corresponderia a um valor igual na utilidade. Entretanto se oferecermos duas somas com a mesma diferença monetária para um grupo de pessoas escolherem, suponhamos entre dois empregos, um mais agradável que paga menos e outro mais desagradável que paga mais nos surpreenderemos com o fato de que o valor em si altera a percepção e a escolha das pessoas e não só a diferença, isto é, a função u(x) de dinheiro não é linear.

Veja os seguintes exemplos:

Exemplo 1: Entre os dois empregos abaixo qual você escolheria?

- Emprego A – serviço agradável, salário de R$ 1.000
- Emprego B – serviço desagradável, salário de R$ 2.000

Exemplo 2: Entre os dois empregos abaixo qual você escolheria?

- Emprego A – serviço agradável, salário de R$ 5.000

- Emprego B – serviço desagradável, salário de R$ 6.000

Exemplo 3: Entre os dois empregos abaixo qual você escolheria?

- Emprego A – serviço agradável, salário de R$ 10.000

- Emprego B – serviço desagradável, salário de R$ 11.000

No exemplo 1, uma boa parte das pessoas preferiria o emprego B por causa da diferença monetária, ao passo que esta escolha seria menos comum no exemplo 2 e ainda mais no exemplo 3. Isto é, a mesma quantidade de diferença financeira é cada vez menos relevante na medida em que aumenta o valor dos números envolvidos.

Em termos matemáticos isto quer dizer que a mesma diferença de x implica em uma menor diferença de y=u(x) na medida em que x aumenta, ou seja, a derivada, ou inclinação de u(x) (ou d(u(x))/dx diminui na medida em que x aumenta, o que significa que a derivada segunda, ou concavidade de u(x) é negativa, isto é, u(x) é côncava conforme mostrada na Figura I1.

Esta curva é também chamada de curva de aversão ao risco, pois é usualmente utilizada na tomada de decisão por pessoas que evitam riscos, isto é, a maioria das pessoas. Elas dão muita importância a valores pequenos, para os quais são sensíveis a diferença, mas não percebem grande diferença em valores altos para os quais não são tão sensíveis.

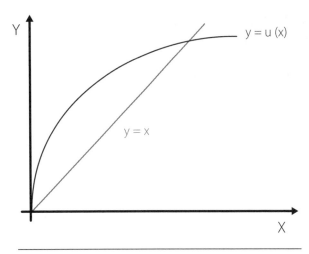

FIGURA I1 – FUNÇÃO UTILIDADE COM RETORNOS DECRESCENTES

A concavidade da curva aumenta na medida em que a pessoa é mais avessa ao risco o que tende a acontecer na medida em que envelhecemos, isto é, quando jovens aceitamos mais os riscos e quando velhos, somos mais avessos a ele, conforme mostrado na figura I2.

O primeiro teórico a descrever a função utilidade foi David Ricardo quando observou as terras utilizadas na agricultura. As terras mais férteis são utilizadas primeiro e somente depois as progressivamente menos férteis, surgindo assim uma função de produtividade da terra (u(x)) que não acompanharia a extensão da terra utilizada (x).

Porém, mesmo no caso da terra, existe um limite para a produtividade da terra, pois certas terras são efetivamente improdutivas tais como montanhas e mares. Neste caso, existe um limite acima do qual a função não pode passar. Ao contrário de nosso exemplo anterior, ela para de crescer depois de um certo ponto.

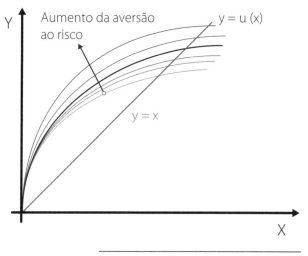

Figura 12 – Aumento da Aversão ao Risco

Esta curva com limite é chamada de curva de aprendizado e é assim que funciona o aprendizado humano. Aprende-se muito no início da exploração de um tema. Conforme conhecemos o assunto, há cada vez menos o que aprender. O tempo gasto para absorver esse conhecimento aumenta rapidamente, até o momento em que não há mais o que aprender a menos que se descubra algo novo. Uma vez na fronteira do conhecimento, é preciso romper os limites para dar prosseguimento.

A Figura 13, mostra que a inovação nada mais é do que uma ruptura da fronteira do conhecimento. Observe, entretanto, que a inovação ou nova tecnologia tem uma menor eficiência num primeiro momento quando é introduzida, o que impede que ela seja adotada de imediato por todos.

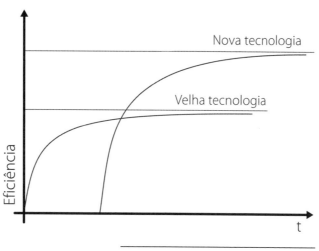

FIGURA I3 – INOVAÇÃO AO LONGO DO TEMPO

Existem muitas aplicações da teoria da utilidade no campo da negociação. Em especial, o fato das pessoas tenderem a ser mais sensíveis a certos valores do que a outros, pois sua percepção não é linear. A sensibilidade na variação de grandes valores é menor do que em pequenos valores. Por exemplo, conforme o preço de um item vai aumentando o cliente fica cada vez mais sensível a essa variação. A introdução de um novo benefício na venda justifica o aumento do preço tornando aparente a percepção do lucro, já que a curva está no início. Isto é geralmente feito na construção de pacotes de produtos.

Em termos de contrato, muitas vezes isto acontece aumentando o preço e dando pequenas vantagens tais como garantias, serviços secundários, brindes e acessos a clubes e descontos. Geralmente são vistos como mais valiosos do que realmente são, ao passo que, o preço geral aumenta significativamente sob a forma de "pacote".

Como uma regra usual em negociação, pode-se dizer que se deve ater ao que realmente interessa e ceder aonde é irrelevante.

REFERÊNCIAS

ALVES, P. V. S. *Modeling government investment and performance in public security*. In: IASIA 2011. Rome, 2011.

ALVES, P. V. S. *Jogos de empresas*. São Paulo: Makron Books, 2001.

ALVES, P. V. S. *Uso de simulação como metodologia de pesquisa em ciências sociais*. Cadernos EBAPE. Rio de Janeiro, 2005.

ALVES, P. V. S. *O desenho do futuro*. HSM Management, n. 92, p. 66-72, maio-junho 2012.

ALVES, P. V. S. *Contradições de um século em quatro atos*. Revista DOM, vol. VII, n. 19, p. 45-51, novembro 2012-fevereiro 2013.

ARRIGHI, Giovanni. *O longo século XX: dinheiro, poder e as origens de nosso tempo*. Rio de Janeiro: Contraponto; São Paulo: Editora UNESP, 1996.

BAGOZZI, Richard P. *Marketing as exchange*. Journal of Marketing, vol. 39, p. 32-39, outubro 1975.

BERTALANFFY, L. V. *General systems theory*. New York: George Braziller, 1969.

BRUYNE, P. et al. *Dinâmica da pesquisa em ciências sociais*. Rio de Janeiro: Francisco Alves, 1977.

CYERT, Richard M.; DeGROOT, Morris H. *Bayesian analysis and uncertainty in economic theory*. New Jersey: Rowman & Littlefield, 1987.

DAVENPORT, Thomas H.; HARRIS, Jeanne G. *Competição analítica*. Rio de Janeiro: Elsevier, 2007.

DAY, George S.; REIBSTEIN, David J. *A dinâmica da estratégia competitiva*. Rio de Janeiro: Campus, 1999.

DOYLE, J. Bounded Rationality. In: WILSON, R. A.; KEIL, F. C. *The MIT encyclopedia of cognitive sciences*. Cambridge: The MIT Press, 1999.

FIANI, Ronaldo. *Teoria dos jogos*. Rio de Janeiro: Elsevier, 2004.

FREEMAN, Christopher; PEREZ, Carlota. 7. In: DOSI, Giovani et al. (Ed.). *Technical change and economic theory*. London: Pinter Publisher's Limited, 1988.

HEIJDEN, K. V. D. *Scenarios: the art of strategic conversation*. New York: John Wiley & Sons, 1996.

KAHNEMAN, Daniel; TVERSKY, Amos. *Prospect theory: an analysis of decision under risk*. Econometrica, vol. 47, n. 2, p. 263-291, março 1979.

KLEIBOER, M. *Simulation methodology for crisis management support*. Journal of contingencies and crisis management, vol. 5, n. 4, p. 198-206, dezembro 1997.

LUCE, R. Duncan; RAIFFA, Howard. *Games and decision*. New York: John Wiley & Sons, 1989.

MORRISON, Foster. *The art of modeling dynamic systems*. New York: John Wiley & Sons, 1991.

NALEBUFF, Barry J.; BRANDENBURGER, Adam M. *Co-opetição*. Rio de Janeiro: Rocco, 1996.

NASH Jr., John F. *The bargaining problem*. Econometrica,1950. In: KUHN, Harold W. Classics in game theory. Princeton: Princeton University Press, 1997.

ORDESHOOK, Peter C. *Game theory and political theory: An Introduction New York*. Cambridge University Press, 1986.

OSBORNE, Martin J.; RUBINSTEIN, Ariel. *A course in game theory*. Cambrige: MIT Press, 1994.

REIBSTEIN, D. J.; CHUSSIL, M. J. *Primeiro a lição, depois o teste: usando simulações para analisar e desenvolver estratégias competitivas*. In: DAY, G. S.; REIBSTEIN, D. J. (Org.). A dinâmica da estratégia competitiva. Rio de Janeiro: Campus, 1999.

STERMAN, J. D. *System dynamics modeling: tools for learning in a complex world*. California Management Review, vol. 43, n. 4, 2001.

TIROLE, Jean. *The theory of industrial organization*. Cambridge: MIT Press, 1988.

THOMAS, Howard. *Decision theory and the manager*. London: Pitman Publishing Co., 1972.

ÍNDICE

A

adrenalina 10
aftermath 41
algoritmo 61
ambiente dinâmico 6
aprendizado principal 46
aprendizagem 7
Avalon Hill Game Company 18

B

baixo desempenho 10
Banco Imobiliário 27
baralho 60
bloqueio mental 7
brand game 97

C

capital de risco 106
Chaturanga 17
ciclos de Kondratiev 1
ciências sociais 2
concorrência 51
criação de algoritmos 5

D

debriefing 41
Decision Games 20
desempenho 10
dimensões PEST 1
dinâmicas de grupo 39
dramatização 39

E

economia humana 3
Edutainment 3, 8, 31
efeito da dama de copas 155
equilíbrio de Nash 154
erro de medição 56
estresse 10
estudo de caso 2
euro-game 19
evolução humana 8

F

fator sorte 63
fixação da aprendizagem 41
formatos de jogos 34
    árvore de decisão 38
    dramatização 39

livro-jogo 38
papel e caneta 34
tabuleiro 35

G

Game Designer's Workshop 18
Game, Narrative and Simulation 24
globalização 117

H

Hexwar 20

I

IGoYouGo 54
imersão 35
Interações futuras 6

J

jogos
    de análise 32
    de guerra 16
    de negócios 26
    de recrutamento 33
    individuais 38
    jogos de computador 36
    multijogador 38

K

Kriegspiel 14
K-waves 1

L

lei dos grandes números 20
livre arbítrio 13
Livro-jogo 38

M

medo 13
memória 8
modelagem 50
    por efeito 53
    por processo 53
modelo
    assimétrico 57
    determinístico 53
    explícito 57
    oculto 57
    probabilístico 52
    simétrico 58
modelo gravitacional 52
modelos da realidade 4
modelos de jogos
    O jogo da energia 83
    O jogo da gestão de stakeholders 133
    O jogo das marcas 97
    O jogo do capital de risco 106
    O jogo dos computadores 117
    O jogo dos mercados emergentes 73
monopólio x oligopólio 57

O

objetivo pedagógico 46
O jogo real de Ur 14

P

paralisia decisória 4
pensamento dinâmico 3
performance 10
Pesquisa e Desenvolvimento (P&D) 59
plano Schlieffen 17
Playstation 23
ponto focal 46
precisão 55
princípio da parcimônia 50
programas-piloto 2
projeto do modelo de jogo 45
      custos 48
público-alvo 49

R

recursos de jogo 58
      cartas 60
      Dados 58
      dinheiro do jogo 62
      Marcadores 61
      planilha 62
      tabelas 61
repetição e desafio 8
resposta ao estresse 33
Revolução Industrial 3
riscos 7
role-playing games (RPG) 15
RPG 23

S

sessão de debriefing 32
SIG (Sistema de Informações Gerenciais) 63
simulação 14
Simulation Publications Inc 18
sistema de ensino industrial 3
solução mecânica 8
soluções adaptativas 6
stakeholders 133

T

tentativa e erro 2

teoria
      da decisão 160
      da utilidade 168
      de classificação GNS 24
      dos jogos 14, 151
testando o jogo 64
      problemas 64
tolerância ao risco 33
tomada de decisão 4

V

venture capital 106

W

war games 15
WEGO 54

X

xadrez 7

Impressão e acabamento: